직장인도 부자가 될 수 있는
월급세팅법

해커스 금융교육 일타강사가 알려주는

판을 뒤엎는 직장인 투자법

직장인도
부자가 될 수 있는
월급
세팅법

송영욱 지음

도서출판 새빛
AEVIT

내가 줄 수 있는 건, 오직 이것뿐!

제게는 딸과 아들이 있습니다. 최근 그들이 취업을 했습니다. 딸은 서른이 되기 전까지 1억원을 만들겠다고 하고, 아들은 그저 빨리 부자가 되고 싶다고 하더군요. 한데 막상 시작하려니 어디서부터, 어떻게, 무엇을 해야 할지 막연하다고 합니다. 딸은 직장 일이 바빠서 은행 갈 시간조차 없다고 하고, 아들은 투자서를 많이 읽어 투자마인드는 충만한데, 막상 실제 투자에서는 자꾸 실패한다고 합니다. 저는 은행, 보험사, 증권사 등에서 20년을 일하다가 6년 전 퇴직하여 자유로운 영혼으로 살고 있습니다. 덕분에 돈을 벌기 시작한 딸·아들과 돈 관리에 대하여 얘기할 기회가 많아졌습니다. 다양한 금융권에서 다양한 고객을 관리해 왔기에 자산관리에 대한 기준과 구체적인 실행방법을 A부터 Z까지 알려줄 수 있어서 뿌듯했습니다. 제가 줄 수 있는 건, 오직 이것뿐이죠. 이 책은 딸·아들에게 알려주었던 돈 관리의 구체적인 방법들을 정리한 책이라고 할 수 있습니다.

직장 퇴직 후 수입이 더 늘어!

저는 동기들보다 일찍 직장에서 퇴직했지만, 직장인으로 살 때보다 수입이 좀 더 높아졌고, 나를 위한 시간도 훨씬 많아졌습니다. 퇴직 전 미리 준비하여 매월 직장인과 비슷한 수준의 수입이 들어오고 있기 때문에, 퇴직 후에도 경제적 불안감 없이 여유로운 생활을 할 수 있게 되었습니다. 나를 차별화시킨 수익성 콘텐츠가 있고, 일하지 않을 때도 그 콘텐츠가 월급과 같은 수입을 만들어주고 있기 때문입니다. 돈에 대한 나만의 규칙, 행복에 대한 나만의 기준을 만들고, 실행했기 때문에 가능했습니다. 그래서 이 책은 직장인 입장에서 주로 현실적인 자산관리의 기준과 실행방식을 중심으로 쓰였습니다.

실패… 빚… 그리고 매일 10시간 반년!

증권사에 근무할 때 대박 난 사람들의 투자방식을 맹목적으로 따라 한 적이 있었습니다. 주식투자로 실패를 거듭하다 보니, 대박 나지 않는 한 이번 생은 실패일 수밖에 없다고도 생각했죠. 하지만 대박은커녕 대체로 쪽박이었습니다. 대박이라는 환상 뒤에 숨어있는 위험을 무시했기 때문이죠. 자세히 살펴보니 대박 난 분들의 성과는 운^運인 경우가 많았습니다. 그 운은 아주 희소해서 대부분의 사람에게는 신기루 같은 것입니다. 크게 실패하고 난 후 빚만 있고 직장도 없는 상태로 1년 정도를 보낸 적이 있습니다. 갈 곳도 없고 만나고 싶은 사람도 없었습니다. 그래서 아침 일찍 도서관에 가서 밤늦게까지 책만 읽었습니다. 아주 죽고 싶을 만큼 실패해야 진리를 깨닫는 모양입니다. 도서관 생활 반년이 내면의 나를 발견케 하는 계기가 되었습니다. 늦은 나이에도 다시 일어설 수 있는 용기를 주었으며, 나만의 규칙을 만들 수 있게 하였거든요. 문영미 교수의 〈디퍼런트〉라는 책은 '내가 무엇을 차별화시켜야 하는지'를 알려주었고, 대가들의 투자서는 '꾸준히 기본에 충실하고, 나만의 기준을 설정하여 실행하는 것'이 성공투자의 길이라는 것을 깨우치게 했습니다.

큰 실패가 나만의 자산관리 기준을 만들다!

큰 실패의 풍파를 거친 후 도서관에서 깨닫게 된 것은 지금부터 시작해도 충분히 경제적 자유와 행복한 인생을 가질 수 있다는 것이었습니다. 말로만 행동하지 말고, 행동으로 말하고자 했습니다. 그리고 나만의 기준을 가지고 '실행'을 시작했습니다. 그당시 제 나이 45살이었는데, 다시 직장에 들어가 월급세팅을 통해 남아있는 빚도 청산하고, 직장을 퇴직해도 살 수 있는 수입구조를 만들었습니다. 제 인생의 터닝포인트는 바로 이때부터였습니다. 대부분의 성공한 사람들은 실패를 딛고 일어섰기 때문이라지요. 성공의 방향과 폭은 다르지만 저도 그랬습니다. 다만, 이를 위해서는 두 가지가 선행되어야 합니다. 첫째는 나만의 '기준'을 갖는 것이고, 둘째는 그 기준대로 꾸준히 '실행'하는 것입니다. 이책은 누구나 대박을 낼 수 있다는 실현 불가능한 비법서가 아니라, 누구나 실현 가능한 '나만의 기준'을 만들고, 그 기준을 '실행할 수 있는 구체적인 방법'을 제시하는 책입니다.

이런 분들이 읽었으면 좋습니다!

이 책은 저의 딸·아들과 같은 직장생활 5년 이내의 사회초년생들에게 가장 적합한 책입니다. 그리고 직장생활은 오래 했으나 재테크 초보인 분, 돈 관리가 잘되지 않는 분, 돈 버는 시스템을 만들고 싶은 분, 빨리 종잣돈을 마련하고 싶으나 마음대로 되지 않으시는 분 등 월급관리를 제대로 하지 못하는 직장인들에게 유익한 책이 될 것입니다. 또 직장인이 아니라도 매월 꾸준한 수입이 있는 전문직종사자·자영업자·프리랜서 분들에게도 합리적인 자산관리기준과 실행방법을 알려주는 교과서 같은 역할을 할 수 있습니다. 다만, 수입이 불규칙한 일에 종사하시는 분들에게는 적합하지 않을 수 있습니다. 왜냐하면 이 책은 '월급세팅'을 중심으로 하여 크게 통장관리, 투자관리, 자산관리 등 세 파트로 나누어 기술되어 있기 때문입니다.

월급관리는 핵심통장 3개로!

Part1은 직장인이 안정적인 돈 관리를 위해 어떻게 월급세팅을 할 것인가에 대한 내용입니다. 돈을 모으고 불리는 방법에는 3가지가 있습니다. 첫째 수입을 늘리는 것, 둘째 투자(저축 포함)를 많이 하는 것, 셋째 지출을 줄이는 것인데, 이 3가지를 효율적으로 관리하는 방법을 제시합니다. 월급세팅을 위하여 우선 수입통장, 투자통장, 지출통장을 만들어야 합니다. 이와 관련하여 자신의 상황에 맞게 각 통장별로 비중을 어떻게 설정할 것인지, 그리고 월급날 각 통장별 비중에 맞게 오차 없이 실행되도록 하는 방법을 제시합니다.

큰 손실은 막고, 큰 수익은 챙기는 방법!

Part2는 큰 수익이 날 수도 있지만 큰 손실이 날 수도 있는 상품에 대한 투자관리를 어떻게 해야 하는지에 대한 노하우를 제시합니다. 여기에서는 나의 투자성향을 파악하는 방법, 나의 투자성향에 맞는 자산배분 방법, 투자위험을 관리하는 방법에 대한 것들이 기술되었습니다. 이 파트에서는 종잣돈 마련 시 나에게 꼭 맞는 월급 포트폴리오를 제시합니다. 또 목돈을 원금손실이 가능한 투자상품에 넣는 경우, 구체적인 사례를 통하여 그 위험을 관리하는 구체적인 방법을 제시합니다. 최근 주식투자로 큰 손실을 보는 직장인이 많은데, 큰돈을 주식으로 굴릴 때의 손실위험과 대응방법을 실전투자처럼 구체적으로 알려줍니다.

내 꿈은 언제쯤 이룰 수 있을까?

Part3은 나의 목표를 정기적으로 점검하기 위한 자산관리의 기준과 나만의 재무제표를 만드는 방법에 대한 것입니다. 자산관리와 관련하여 선택의 기로에 있을 때 기준 잡는 방법, 자산검진을 통하여 나의 자산과 부채, 소득과 지출이 평균 대비 어느 정도인지 파악함으로써 무엇이 부족하고 어떻게 보완해야 하는지를 판단할 수 있도록 합니다. 아울러 한 달에 한번 현금수지표와 자산상태표를 작성하는 방법을 제시함으로써 나의 현금수지에 대한 문제점은 무엇이고, 언제쯤 내 꿈을 달성할 수 있는지 예상할 수 있도록 가이드합니다.

이 책은 부자의 철학을 제시하는 추상적인 인문서가 아니라, 바로 적용하고 실행할 수 있는 실용서입니다. 또 현실적으로 쉽지 않은 큰 부자를 지향한 것이 아니라, 누구나 실현 가능한 작은 부자를 지향합니다. 이 책을 통하여 돈 관리에 서투른 직장인이 실현 가능한 작은 부자가 되는 단초가 되었으면 좋겠습니다. 아울러 돈 걱정하는 시간보다 자기역량을 즐겁게 펼칠 수 있는 시간이 많아지기를 기원합니다.

2023년 8월
저자 송영욱

|||||||||||||||||||||||||||||||||||||||||||||||||||||||||||||||||||||||||||||||||

Part 1
통장 관리

|||||||||||||||||||||||||||||||||||||||||||||||||||||||||||||||||||||||||||||||||

Part 2
투자 관리

Part 3
자산 관리

통장 관리

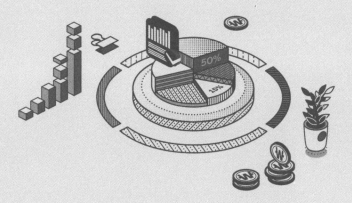

생각은 고급! 실천은 꽝!

누구나 생각하지만 모두가 행동하는 것은 아니다.

어떤 사람은 선택의 기로에 섰을 때

방법이 없다고 한다.

사실은

방법이 없는 것이 아니라 '되는 방법'을 선택하지 않는 것.

하기 어렵다는 이유를 찾지 말고

'되는 방법'을 찾으면 된다.

성공은 되는 방법을 '선택'하는 데서 시작된다.

선택이 힘들 때는

기본으로 돌아가 '단순'하게 생각하면 된다.

죽느냐 사느냐, 그것이 문제로다!

살면 된다!

잘하느냐 못하느냐, 그것이 문제로다!

잘하면 된다!

성공은 '안다'와 '한다'의 차이다.
아무리 많이 안다 해도 하지 않으면
되는 것은 아무것도 없다.

어떤 선택이 실패를 부를 수도 있다.
하지만 걱정할 것은 아니다.
한쪽 문이 닫히면 다른 쪽 문이 열린다.
그러나 대부분의 사람은
닫힌 문을 너무 오랫동안 보고 있느라
열려 있는 다른 문을 보지 못한다.

Chapter 01

부자DNA를 만드는 월급세팅

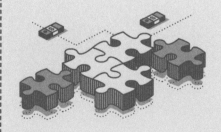

직장인이
부자 되긴 너무 어려워!

대한민국 직장인은 힘들어요. 월급날 기뻐야 하는데 오히려 슬픈 것은 왜일까요? 통장에 월급 들어오기가 무섭게 카드대금, 대출이자가 빠져나가고 나면 찾을 돈이 별로 없습니다. 어떤 달은 마이너스일 때도 있죠. 올해 전기료가 오른다, 대출금리가 오른다 하면 가슴이 덜컥 내려앉고, 직장도 언제까지 다닐 수 있을지 불안하기만 합니다.

직장인의 수입은 한정되어 있습니다. 물론 20년 전보다 월급이 높아진 것은 사실이나 그렇다고 지금의 직장인이 부자 되기 쉬운 것은 아니지요. 특별히 낭비하지 않아도 20년 전보다 쓸 데가 많아졌기 때문입니다. 사업하는 사람들은 말하지요. 그래도 직장인이 제일 속편하다고. 그러나 정작 직장인 입장에서는 사업하는 사람 못지않게 스트레스가 많습니다.

직장인이 돈을 모을 수 있는 기간은 20~30년 내외에 불과합니다. 주로 30~40대에 집중적으로 돈을 벌게 됩니다. 이 시기를 잘못 보내면 지옥 같은 노후가 될지도 모릅니다. 이제 직장인들은 평균수명 100세, 어쩌면 120세를 준비해야 하기 때문이죠. 현재 직장인의 정년이 50대쯤이라고 본다면 퇴직 후에도 50년 혹은 70년을 더 살아야 합니다.

그런데 대다수의 직장인들이 속수무책으로, 또는 속 편히? 세월만 보내고 있습니다. 당장 내야 하는 대출이자, 카드대금이 자신의 삶을 암울하게 하고 있는데도 말이죠. '살기도 힘든데 일찍 죽어야지' 하는 사람도 있지만, 어디 그게 말처럼 쉬운 일입니까. 그래서도 안되구요.

평생 아침부터 밤늦게까지 일해 온 회사에서 어느 날 문득 나가라고 하는 경우도 다반사인 세상입니다. '평생 부려먹고 어떻게 이럴 수가 있느냐'며 분통을 터뜨리며 억울함을 호소해도 소용없지요. 이러저러한 불확실성을 견디며 노력하고 살아도 절대 부자가 될 수 없을 것만 같습니다. 그렇다고 직장인이기 때문에 부자가 될 수 없는 것은 아닙니다. 실제로 직장인 중에서 부자가 된 경우가 많습니다. 부자가 될 수 없는 이유만 늘어놓기 때문에 부자가 될 수 없는 것입니다. 그 이유를 한번 살펴볼까요.

첫째, 직장인은 돈이 없습니다?

돈이 없다고 말하는 직장인에는 두 유형이 있습니다. 그 첫 번째 유형은 정말 돈이 없는 분들입니다. 월급이 너무 적어서 생계비로 돈이 다 쓰여 돈을 모을 수 없는 분들입니다. 월급 자체가 적으면 누가 뭐래도 저축이나 투자가 힘듭니다. 하지만 포기하지는 마십시오. 이런 분들도 자기계발이나 좋은 아이템을 가지고 자신의 몸값을 올리면 됩니다. 됩니다! 안될 것이라고 하지 마십시오. 안 되는 이유를 찾지 말고, 되는 이유를 찾으십시오. 당장 돈이 없다고 희망조차 버리는 직장인은 절대 부자가 될 수 없습니다.

두 번째 유형은 돈은 있는데 저축이나 투자를 제대로 못하는 분들입니다. 이들은 소비가 많아서 투자할 돈이 없는 사람들이죠. 집도 없는데 자가용을 몰고 다니거나, 난 욜로족이니 즐길 건 다 즐기고 보자는 식이죠. 외식도 자주 하고 여행도 자주 다닙니다. 부자가 되고 싶지만, 당장 하고 싶은 것들을 포기하고 싶지 않은 까닭입니다. 이런 분들은 마음만 바꾸면 바로 달라질 수 있습니다. 이들은 자신의 수입과 지출을 나열해보고 줄일 것(소비)과 늘릴 것(투자)을 찾으면 금방 답이 나옵니다. 잘못된 소비습관만 바로잡아도 부자 되는 첫걸음을 한 것이나 다름없습니다. 부자는 평소 아끼는 습관이 배어있습니다. 부자도 처음부터 돈이 많았던 것은 아닙니다. 부자의 습관과 태도를 본받아야 합니다.

둘째, 직장인은 시간이 없습니다?

직장인은 바쁩니다. 아침 일찍 일어나 밥도 제대로 먹지 못하고 출근해야 하고, 종종 밤늦게까지 일하기도 하죠. 회사 내에서는 일도 잘해야 하며, 윗사람 눈치도 봐야 하고, 아랫사람도 잘 관리해야 합니다.

누구는 부동산으로 큰돈을 벌었다고 하고, 누군가는 주식으로 대박을 냈다는데 직장인은 그것이 딴 세상 이야기처럼 들립니다. 그런 새로운 모험에 신경 쓸 시간이 없기 때문이죠. 하지만 시간이 없단 말은 변명일 뿐. 실제로 직장인이 회사 일에 집중하는 시간은 전체 업무시간의 20%밖에 안 된다는 통계가 있습니다. 나머지 80%는 회사 일과 관계없는 일을 하거나 그냥 시간만 보내는 것이지요. 솔직히 그렇잖습니까. 그 나머지 80%를 활용하십시오. 만약 정말로 회사 일에 바빠 도통 시간을 낼 수 없다면 주말을 이용하십시오. 짬짬이 투자에 대한 책도 읽고 유능한 전문가의 강연도 들어보십시오. 그리하면 지금까지 미뤄왔던 새로운 미래를 기대할 수 있게 될 것입니다.

직장인도 부자가 될 수 있는 월급세팅법

셋째, 직장인은 기회가 없습니다?

직장인에게 기회는 자신도 모르게 스치듯 지나갑니다. 늘 세상은 직장인에게 불공평하다고 생각되기도 하지요. 하지만 그렇게 불평하는 직장인에게는 실제 기회가 분명히 주어져도 기회를 잡지 못합니다. 그리고 또 불평하게 되지요. 그러지 마십시오. 불평할 시간에 기회가 왔을 때 놓치지 말고 꽉 잡을 준비를 하고 있어야 합니다.

기회는 준비된 직장인에게만 주어지는 몫입니다. 금융기관에 재직했던 저는 다양한 직장인들을 만나 자산관리 컨설팅을 했었습니다. 직업상 신규 고객을 창출하기 위해 직장인에게 전화를 하거나 방문하는 경우가 많았습니다. 그렇게 찾아가면 시간이 없다고 외면하는 경우가 많더군요. 좋은 정보를 얻을 수 있는 기회임에도 그저 영업하러 온 잡상인 정도로 취급하는 분도 있었습니다.

직장인은 회사일로 바쁘기 때문에 기회가 없다고 단정 짓지 마십시오. 기회는 직장인에게도 공평하게 주어집니다. 다만 대부분의 직장인은 기회가 와도 그 기회를 낚아챌 준비를 하지 않습니다. 기회가 없다고 하는 사람들은 기회를 포착할 준비를 하고 있지 않기 때문에 기회가 보이지 않을 뿐입니다. 기회를 포착할 준비라는 것은 어려운 것이 아닙니다. 자산관리에 대한 관심을 갖고 평소에 공부해 놓는 것입니다. 금리가 올라가면 어떻게 대응하는 것이 좋은지, 금리가 떨어지면 어디에 투자하는 것이 좋은지, 주식시장 전망이 좋은지, 채권시장 전망이 좋은지 등등 평소에 공부해 놓아야 합니다. 책을 통해 공부할 수도 있고, 좋은 전문가의 강의를 들을 수도 있습니다. 무엇을 먼저 해야 할지 모르겠다면 이 책을 가이드로 하여 따라 하시면 됩니다.

직장인도 부자가 될 수 있는 월급세팅법

내 월급으로
집 살 수 있을까요?

최근 딸이 직장에 취직했는데요. 첫 월급을 받고 나서 생각이 많은 모양입니다. 경제적 관념이 없던 딸이 내게 월급관리에 대하여 물어왔습니다. 내심 딸이 대견하기도 하고, 딸에게 도움이 될 수 있는 조언을 할 수 있게 되어 뿌듯하기도 했습니다.

딸 아빠, 저도 취직해서 월급을 받기 시작했는데요. 어떻게 관리해야 하는지 막연하기만 해요. 수입이라고는 월급이 전부인데…. 저희 부장님은 무조건 집부터 사라고 합니다. 월급으로 집을 살 수 있을까요?

아빠 그건 월급세팅 여부에 달려있다고 생각해. 직장 들어가면 입사동기들이 있잖아. 만약 네가 입사한 회사의 입사동기가 10명이라고 해보자. 대부분 동기들의 월급은 비슷하지. 그런데 시간이 갈수록 많이 부富의 속도는 달라지지. 비슷한 월급을 받고도 어떤 동기는 5년 만에 집을 사고, 어떤 동기는 20년이 지나도 집이 없지. 아빠 첫 직장 동기가 120명이었어. 그중 어떤 친구는 취직 3년 만에 집을 마련했지만, 어떤 친구는 아직도 집이 없는 친구가 있어. 연봉이 적은 중소기업에 다녔던 친구들 중에도 일찍 집을 마련한 친구가 있기도 하지만, 부자아들로 태어나 유망한 사업을 했는데도 지금은 월세 사는 친구가 있어. 아빠가 생각할 때는 월급이 많으냐, 적으냐보다 월급세팅 어떻게 하느냐가 더 중요한 것 같아. 월급이 서로 같은 입사동기라도 월급세팅을 잘하는 사람이 집도 빨리 사게 될 거야.

딸 월급세팅이란 말이 무슨 뜻이죠? 처음 듣는 말인데요….

아빠 식당에 단체식사 예약하면, 식당주인이 미리 테이블과 반찬을 세팅해 놓는 것과 같다고 보면 돼. 만약 미리 세팅해 놓지 않으면 정작 손님들이 몰려왔을 때 우왕좌왕하게 되고 음식도 늦게 나오게 될 거야. 서두르다가 실수를 할 수도 있고, 손님들의 불만도 많아져서 장사하기 힘들어질 수도 있겠지. 월급세팅이란 식당주인이 손님의 니즈에 맞게 미리 음식 세팅해 놓듯, 직장인이 월급의 용도를 미리 분류해 놓고, 용도별 비중과 자산증식을 관리하는 시스템이라고 할 수 있어. 월급을 아무리 많이 받아도 미리 세팅해 놓지 않으면 당장 뭘 해야 될 지 우왕좌왕하게 되고, 자산증식도 어렵게 되는 것이지.

딸 그럼 직장인이 월급세팅 하려면 어떻게 해야 하죠?

아빠 월급세팅은 3가지 즉, 〈수입〉·〈투자〉·〈지출〉에 대한 비중을 관리하고 자산을 불려가는 시스템이라고 할 수 있어. 월급세팅의 할 때는 기본방향이 있어. 간단히 말하자면 수입과 투자는 높이는 방향으로, 지출은 낮추는 방향으로 관리해야 해. 기본방향을 이렇게 정해 놓고, 세부적인 실천방안을 함께 마련하는 것이 좋아.

뻔한 월급을 부자DNA로 만드는 〈월급세팅 기준〉

딸 3가지 비중을 구체적으로 어떻게 조정하는 것이 좋은 거죠?

아빠 예를 들자면 3가지 측면에서 각각의 목표비중을 미리 설정하는 거지. 학생일 때 학습목표를 정하는 것과 같은 것이라고 볼 수 있어. 공부할 때 '나는 전체에서 10% 안에 들겠다.' 또는 '10등 안에 들겠다.'라고 목표를 정해서 공부하는 학생과 아무 목표 없이 공부하는 학생이 있다고 한다면 누가 더 공부를 잘하게 될까? 당연히 목표를 정해서 공부하는 학생이 잘하겠지. 월급관리도 마찬가지야. 우선 항목별로 비중을 자신의 목표에 맞게 정해놓아야 해. 예시처럼 수입비중은 월급의 120%, 투자비중은 수입의 60%, 지출비중은 수입의 40%로 정해버리는 것이지.

월급세팅(예시)

구분	내용	투자	지출
비율(예시)	월급의 120%	수입의 60%	수입의 40%
금액(예시)	300만원	180만원	120만원

이렇게 비중을 미리 정해 놓으면 일단 월급세팅의 큰 그림이 만들어졌다고 볼 수 있어. 이러한 월급세팅을 미리 정해놓은 직장인과 정해 놓지 않은 직장인은 똑같은 월급을 받는 동기라도 5

직장인도 부자가 될 수 있는 월급세팅법

년 후, 10년 후 불어나는 자산규모가 기하급수적으로 달라질 거야.

딸 저도 월급세팅부터 해야 하겠네요. 그런데 수입을 월급의 120%라고 정했는데, 수입은 월급의 100% 아닌가요?

아빠 아빠가 생각하기엔 월급보다 더 많은 돈을 벌어야 된다고 생각해. 월급상승률보다 필수품 상승률이 훨씬 높아지고 있거든. 예를 들면 1년 지나 월급은 5% 올랐는데, 휴대폰 값은 10% 이상 올라간다는 거지. 휴대폰 값 올랐다고 휴대폰을 안 살 수는 없잖아. 이런 것이 쌓이면 돈이 불어나기는커녕 점점 줄어들게 되지. 그래서 순수한 월급 외에 추가수입을 만들 방법들을 생각해야 해. 성과급을 더 받으려고 노력하든지, 투잡을 하든지… 사실은 아빠도 직장 다닐 때 내 월급 외에 20%를 더 벌기 위해 여러 가지 일을 하면서 수입을 늘여 갔어. 요즘 직장인들은 월급에만 의존하지 않고, 제2의 수입원을 만들어가고 있어서 'N잡 시대'라는 신조어를 만들고 있더구나.

딸 월급에만 만족하지 말고 추가 수입원을 만들어야 된다는 의미군요. 제 친구는 직장생활을 3년 하고 있는데 모아놓은 돈이 없대요. 지출관리는 어떻게 하는 것이 좋죠?

아빠 신입직원 때부터 지출통제를 하지 못하면 부자 되기는 불가능하다고 봐야지. 월급 받아 생각 없이 지출하면 저축할 돈도 없어지지만 더 큰 문제는 지출습관이 나빠진다는 거야. 나쁜 습관이 계속되면 고치기가 아주 힘들어. 좋은 습관은 그 어떤 일도 할 수 있게 하지만, 나쁜 습관은 그 어떤 일도 할 수 없게 해. 3년 동안 모아 놓은 돈이 없다면 나쁜 지출습관이 생긴 거야. 네 친구는 뼈를 깎는 고통이 있더라도 좋은 지출습관으로 바꾸는 것이 필요해. 지출을 잘 관리하지 못하는 사람은 신용카드를 쓰지 않는 것이 좋아. 그리고 좋은 지출습관을 가질 수 있는 시스템을 만들어야 해. 예를 들면 한달 지출액을 강제적으로 100만 원으로 제한하는 시스템을 만들어 버리는 거야. 이 방법은 지출통장을 체크카드로 만들어 거기에 100만원만 넣어 놓고, 그 범위 내에서만 쓰는 방법이지. 지출통장을 체크카드로 사용하면 현금 범위 내에서만 쓸 수 있기 때문에 충동적인 과소비를 줄일 수 있어. 그리고 그 돈 다 떨어지면 사고 싶은 것이 있어도 참아야 해. 돈이 없으면 아예 안 쓰는 습관을 만드는 거지.

딸 월급 받아서 별생각 없이 썼더니 제가 얼마나 썼는지도 모르는 것 같아요. 저도 지출액을 정해놓고 써야겠어요. 수입 중에서 지출을 뺀 나머지는 모두 적금에 넣으면 되나요?

아빠 모두 적금에 넣는 것은 적절하지 않은 것 같아. 투자비중을 구성하는 금융상품에는 저축형상품과 투자형상품이 있단다. 저축형상품은 예금, 적금과 같이 원금이 보장되면서 약간의 이자를 주는 상품이야. 반면에 투자형상품은 주식, 펀드와 같이 원금보장은 안되지만 큰 수익을 기대할 수 있는 상품이지. 각각 장단점이 있지. 저축형상품은 안전한 대신 수익이 적고, 투자형상품은 위험한 대신 고수익을 기대할 수 있어. 투자의 구성상품을 모두 적금(저축형상품)으로 한다면 원금손실 위험이 없다는 점은 장점이지만, 수익이 너무 적다는 점이 단점이지. 그래서 위험을 약간 부담하더라고 고수익을 기대할 수 있는 적립식펀드와 같은 투자형상품도 가입하는 것이 효율적이라고 볼 수 있어. 예를 들자면 투자비중이 100만원이라면, 적금에 50만원, 적립식펀드에 50만원 나누어 투자하는 방식이란다.

딸 저는 빨리 집 사고 싶은데요. 월급세팅! 막상 어떻게 해야 할지 막막하고, 월급세팅을 꾸준하게 잘 지킬 수 있을까가 걱정되기도 해요.

아빠 처음이 어렵지. 꾸준히 하다 보면 익숙해질 거야. 익숙해지면 좋은 습관이 될 수 있고, 그 습관이 너의 집을 만들어 줄거야. 아무리 좋은 생각도 실천하지 않으면 말짱 헛일. 무엇보다도 실천할 수 있는 자산관리시스템을 하루라도 빨리 만드는 것이 필요해. 너만의 자산관리시스템! 그것을 만드는 것은 아주 심플해. 바로 3개의 통장 즉, 〈수입통장〉〈투자통장〉〈지출통장〉을 만들어서 관리하는 거야. 수입통장에 월급이 들어오는 날 바로 투자통장과 지출통장으로 월급이 자동이체 되도록 하면 돼. 예컨대 월수입이 300만원 수입통장에 들어오면, 그날 당일에 투자통장에 200만원, 지출통장에 100만원이 자동이체 되도록 등록을

3개의 통장 흐름도(예시)

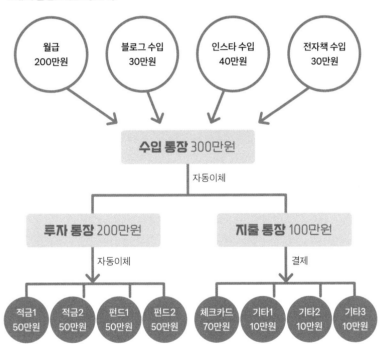

직장인도 부자가 될 수 있는 월급세팅법

하면 돼. 간단하지. 그리고 투자통장에 있는 돈으로 저축성상품과 투자형상품에 가입하여 매월 자동이체 되도록 등록하고, 지출통장에 있는 돈으로 한 달 생활비를 쓰는 거지. 이런 시스템을 만들어 놓으면, 네가 한 달에 얼마씩 저축(또는 투자)하는지, 한 달에 얼마씩 쓰는지 쉽게 알게 되지. 또 1년 지나면 얼마나 모을 수 있는지, 얼마나 쓰는지도 바로 알 수 있게 되지. 이처럼 간단한 월급세팅으로 너의 자산을 계획대로 관리하면 되는 거야. 대부분의 직장인들은 쓰고 남은 돈을 저축해. 그래서는 돈을 잘 모으지 못해. 순서를 바꾸어야 해. 지출하고 남은 돈을 투자하는 것이 아니라, 투자하고 남은 돈을 지출하는 거야. 투자를 지출보다 우선해야 목표를 앞당길 수 있어.

딸 아이고, 제가 돈이 잘 못 모으는 이유를 콕 집어주셨네요. 저는 지출 먼저 하고 남은 돈을 투자하려고 했거든요. 앞으로는 3개의 통장을 만들어 투자하고 남은 돈을 지출하는 습관을 기르겠습니다!

사실은 직장인이
부자 되기 쉽다!

　모든 직장인은 부자 되기를 원합니다. 부자가 돼서 편하게 살고 싶고, 원하는 일을 마음껏 하고 싶고, 부자만 된다면 세금도 기꺼이 내고 기부도 하고 싶죠. 그런데 월급으로 부자를 꿈꾸자니 너무 막연합니다. 월급은 한계가 있고, 언제 해고를 당할지도 모를 일이지요. 그러기에 매주 월요일이면 로또복권을 사기도 하고, 혹하는 마음에 투기에 끼어들기도 합니다.

　흔히들 직장인은 부자가 되기 어렵다고들 하죠. 그런데 말입니다. 세계의 백만장자들은 대부분 직장인 출신이라는 점을 아십니까? 미국의 학자들이 조사한 바에 따르면, 미국에서 주택을 제외한 순자산이 1백만 달러를 넘는 사람의 80%가 직장인으로 출발하여 부자가 되었다고 합니다. 우리나라도 마찬가지입니다. 『한국의 부자들』의 저자 한상복 씨에 따르면, 부자 100명 중 1명만 빼고는 모두 직장인 출신이었으며 그들 중 대부분은 30대부터 발로 뛰며 사업과 투자를 준비한 케이스였다고 합니다.

세계적인 갑부인 〈월마트〉의 창업자 샘월튼은 처음에 〈JC페니〉란 잡화점의 점원이었고, 세계 최고의 주식부자인 워렌 버핏도 한때 직장인이었습니다. 또한 국내의 벤처부자인 김택진 〈엔씨소프트〉 사장도 〈현대전자〉와 〈한글과컴퓨터〉에서 소프트웨어를 개발하는 직장인이었습니다. 일부 부자의 자식으로 태어나 부자가 된 사람도 없지 않지만, 부자의 대부분은 직장인 출신들입니다.

직장인이 부자가 되기 어렵다는 것은 잘못된 생각인 것이죠. 오히려 직장인이기 때문에 자영업자보다 부자가 될 가능성이 훨씬 높습니다. 직장인은 자영업자보다 오히려 부자가 되기에 유리한 여건을 갖고 있기 때문이지요. 이러한 여건을 잘 활용하는 사람은 누구나 부자가 될 수 있습니다.

첫째, 직장인은 일정한 월급이 있습니다!

매월 일정한 수입이 있으면 안정적인 자금운용을 할 수 있습니다. 자영업자와 같이 매달 수입이 불규칙한 경우에는 계획적인 포트폴리오를 짜기가 힘들기 때문이죠. 수입이 일정하지 않으면 매월 일정한 저축이나 투자를 할 수 없습니다. 또한 자영업자는 개인 돈과 공금이 구별되지 않아 자금운용 및 관리가 허술합니다. 반면에 직장인은 연간수입을 예상할 수 있어 그에 맞는 저축계획도 세울 수 있고, 대출상환계획도 차질 없이 이행할 수 있습니다. 매월 안정적인 수입원이 있다는 것은 그렇지 못한 자영업자에 비하여 매우 든든한 안전망이 있는 것과 같습니다. 회사가 망하거나 해고되지 않는 한 매월 일정한 월급을 받을 수 있다는 것이야말로 부자가 될 수 있는 가장 좋은 여건입니다. 자영업자가 직장인을 부러워하는 가장 큰 이유는 바로 이러한 여건 때문입니다. 직장인은 월급의 고마움을 알아야 합니다.

둘째, 직장인은 쉽게 파산하지 않습니다!

기업은 10년 내에 90%가 문을 닫고 겨우 10%의 기업만 살아남습니다. 반면에 직장인은 10년 내에 10%만 실직하고 90%는 실직하지는 않는다고 합니다. 사실 기업의 파산, 자영업자의 부도나 매출감소는 직장인의 월급보다 훨씬 더 위험합니다. 기업가나 자영업자의 경우에는 매출이 감소하거나 적자가 발생하면 곧 존폐의 기로에 서게 되지만, 직장인은 자신의 일만 잘 한다면 회사 실적이 좀 나빠진다고 해서 월급이 끊기는 일은 여간해서 발생하지 않습니다. 또한 노동법상의 권리가 있기 때문에 쉽사리 월급을 삭감당하거나 해고되지 않기에 직장인은 자영업자나 사업주보다 안전합니다.

셋째, 직장인은 자신을 위해 준비할 시간이 많습니다!

일반적으로 직장인이 아닌 자영업자는 자기계발 할 시간이 많지 않습니다. 그들은 자신의 사업을 확장하고, 매출을 늘리고, 직원관리를 하는 데 많은 시간을 보내야 하기 때문이죠. 사업 초기라면 자기 자신은 물론 가족들에게도 신경을 쓰지 못하는 경우가 다반사입니다. 경영자는 모든 직원들이 퇴근한 후에도 회사의 대소사를 신경 써야 하고, 집에 가서도 다음 날 회사에서 해야 할 일을 걱정해야 합니다. 하지만 직장인은 여간해서 큰일이 아니라면 정시에 퇴근하고 그 나머지 시간을 자신이나 가족을 위해 활용할 수 있죠. 자신의 가치를 더 높이기 위해 전문적인 교육을 받을 수도 있고, 여유시간을 이용하여 투잡을 할 수도 있습니다. 좀 괜찮은 회사라면 회사의 지원으로 연수도 받고 해외 유학도 다녀올 수 있고, 그 덕분에 더 좋은 회사에 취직할 수도 있고, 회사에서 쌓은 경험과 네트워크를 이용하여 창업을 할 수도 있습니다.

실제로 대부분의 부자들은 평범한 직장인 시절에 체득한 노하우를 기반으로 부자가 되었습니다. 그들은 다름 아닌 자신이 일했던 분야에서 부자의 기반을 다진 것입니다. 직장인으로서 매월 받는 일정한 급여는 안정적인 생계를 보장하고, 자기계발로 자신의 분야에서 최고가 되면 부자가 될 수도 있습니다.

좋은 회사, 나쁜 회사를 구분하며 불평만 하는 직장인은 부자가 될 수 없습니다. 또 불경기라 부자가 될 수 없다고 투덜거리지 마십시오. 대부분의 부자는 그런 것과 상관없이 부자가 되었습니다. 아니, 어쩌면 위기 상황을 자신에게 유리하게 이용하여 부자가 되었습니다. 사실은 직장인이었기에 부자 되기 쉬운 여건을 이용할 수 있었지요.

나만의 자산관리시스템, 월급세팅!

    직장인은 정도의 차이는 있지만 부자 되기 쉽습니다. 직장인의 월급은 모두 다릅니다. 개개인의 사정과 월급의 수준에 따라 수입, 투자, 지출의 비중도 다를 수밖에 없지요. 그래서 월급세팅도 사람마다 자신에 맞게 해야 합니다. 그 전에 명심해야 할 것은 목표기준을 잡을 때 자신이 지금 할 수 있는 수준보다는 더 강도 높게 설정해야 한다는 것입니다. 목표기준이 지금과 같으면 오늘도 내일도 변하는 것이 없기 때문이죠. 오늘보다 더 나은 내일을 위해 좀 과하다 싶을 정도의 목표기준을 설정하는 것이 좋습니다. 그렇다고 실현 불가능한 목표기준을 세우는 것은 좋지 않습니다.

첫째, 수입비중에 대한 목표기준은 지금 현재 월수입의 120% 이상으로 설정하십시오.

현재 월수입이 300만원이라면 수입비중 목표를 360만원으로 하라는 것입니다. 자산을 불리기 위해서는 수입을 늘리는 것이 가장 우선이기 때문입니다. 직장인이라면 월급 외에 제2수입원을 만들어야 합니다. 감사하게도 요즘에는 직장 다니면서 온라인상에서 돈을 벌 수 있는 도구들이 많아졌습니다. 아직 투잡이 없다면 투잡 유형을 검색해서 가능한 수입원을 발굴해 보시기 바랍니다.

직장인들이 주로 하는 투잡에는 어떤 것이 있나?

콘텐츠 관련 투잡	제휴마케팅 관련 투잡	유통관련 투잡
유튜브·인스타 채널 운영 네이버 블로그·카페 운영 전자책 만들기(크몽, 탈잉) 이모티콘 만들기 스톡사진 판매 등	쿠팡파트너스 네이버 에드포스트 구글 에드센스 카카오 에드핏 아마존 어필리에이트 등	온라인판매(스마트스토어) 구매대행(코스트코) 중고판매(당근마켓) 1인 소자본무역 공동구매 등

둘째, 투자비중은 자신이 목표기간 내에 달성해야 하는 목표 금액에 맞추어 정해야 합니다.

아래 표를 참고하시기 바랍니다. 예를 들어 월수입 300만원인 분이 5년 후 내 집 마련을 위해 1억 원이 필요하다면 매월 167만원씩 저축해야 가능합니다. 월수입이 300만원이라면 월수입의 56% 이상을 투자비중으로 잡아야 한다는 것입니다.

직장인도 부자가 될 수 있는 월급세팅법

1억원 모으려면 매월 얼마씩 저축해야 하나?

구분	목표기간	1억원 모으기 위한 기간별 월납입금액
월수입 1,500만원인 경우	1년	8,333,333원
월수입 700만원인 경우	2년	4,166,666원
월수입 500만원인 경우	3년	2,777,777원
월수입 300만원인 경우	5년	1,666,666원
월수입 200만원인 경우	10년	833.333원

그런데 만약 월수입이 200만원이라면 매월 167만원을 저축 (또는 투자)하는 것이 거의 불가능합니다. 이런 경우에는 목표기간 을 연장하거나 투잡, 쓰리잡을 통해 월수입을 높이는 노력을 해 야 합니다. 아무리 노력해도 월 100만원밖에 적립할 수 없다면, 수익률이 높은 상품에 가입하는 방법도 있습니다. 예를 들어 위 험은 있으나 고수익을 기대할 수 있는 투자형상품(펀드, ETF, 주식 등) 으로 1억 원의 목표금액을 모아가는 것입니다. 투자형상품의 수 익률이 연20%라면 월 100만원 적립하여 5년쯤 되면 1억 원을 기 대할 수도 있습니다. 다만, 투자형상품의 경우에는 손실가능성도 있으므로 높은 수익률에 대한 맹신보다는 다른 추가 수입원에 대한 노력도 병행해야 합니다.

셋째, 지출비중은 원칙적으로 월 소득의 50% 미만으로 설정 하십시오.

매월 100만원씩 저축하면 언제 1억원이 될까?

월적립액	연수익률(가정)	1억원 되는 기간	관련 상품(예시)
100만원	2%	약 7.9년	은행 적금
	5%	약 7.3년	적립식펀드(혼합형)
	10%	약 6.6년	적립식펀드(주식혼합형)
	15%	약 6.1년	적립식펀드(주식형), ETF 등
	20%	약 5.3년	적립식펀드, ETF, 주식 등

　종잣돈을 모으는 단계에서는 지출금액을 월수입의 50% 미만으로 통제하는 것이 좋을 듯합니다. 아무리 수입이 많아도 지출 통제를 하지 못하면 목표금액을 달성할 수 없습니다. 개인별 소득이나 사정에 따라 다를 수 있겠지만, 부모님과 거주하여 주거비 부담이 적은 사회초년생이라면 지출비중을 월 소득의 40% 미만으로 설정하는 것도 가능하다고 봅니다. 하지만 부모로부터 독립한 사회초년생의 경우 주거비, 식비 등의 부담이 커서 지출 금액을 줄이기가 현실적으로 힘듭니다. 그럼에도 불구하고 지출 비중을 월소득의 50% 미만으로 통제하는 것이 좋습니다. 좀 빡센 목표기준이 충동성 지출을 통제하고, 추가 소득원을 찾게 하는 동기가 되기 때문입니다. '카페라떼 효과'란 시사용어가 있습니다.

　하루에 카페라떼 한 잔의 돈을 절약해서 꾸준히 저축하면 목돈을 만들 수 있다는 용어입니다. 과장된 표현 같지만 카페라떼

하루 커피 한 잔 값을 저축하면 얼마나 될까?

효과를 실천하면 실제 1억원을 모으는 것도 가능하답니다. 키움 증권 자료에 의하면 커피 한 잔 값이 5천원이라고 가정하고, 매일 커피 한 잔씩 먹는 대신 그 돈으로 저축을 하면 30년 후 무려 1억 4천만원이 된다하네요.

Chapter 02

직장인이
꼭 가입해야 하는
금융상품 Top3

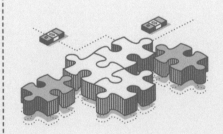

똑같은 20만원으로
4배 이상 더 벌게 해주는 상품

딸 월급을 받으면 금융상품에 가입해야 할 텐데, 금융상품이 너무 많아서 어떤 것을 가입해야 할지 모르겠어요.

아빠 입사하면 꼭 가입해야 할 상품 3가지가 있어. 이 3가지 상품을 입사와 동시에 가입하느냐, 5년 후에 가입하느냐, 가입하지 않느냐에 따라 똑같은 월급이라도 5년 후, 10년 후 자산의 차이가 엄청나게 커지게 되지. 그 첫 번째 상품이 바로 '청약종합저축'이야. 주택마련을 돕기 위해 만들어진 상품이야. 새 아파트를 살 때 청약종합저축이 있어야 청약할 수 있는 자격이 생기기 때문에 새 아파트를 갖고 싶다면 반드시 가입해 놓아야 하는 상품이라고 할 수 있어.

꼭 알아두어야 할 청약종합저축 핵심포인트

가입대상	· 국민인 개인(미성년자, 국내거주 재외동포 포함) 또는 외국인 거주자 · 1인 1계좌만 가능
가입은행	· KB국민, IBK기업, 농협, 신한, 우리, 하나, 대구, 부산은행 등
적립금액	· 매월 2만원이상 50만원 이내에서 10원 단위로 자유롭게 납입 가능 · 납부한 총액이 1,500만원 도달 시 까지는 50만원 초과하여 자유적립 가능
가입기간	· 가입 한 날로부터 국민주택과 민영주택의 입주자로 선정 시 까지
특징	· 납입금액(연300만원 한도)의 40%까지 소득공제
소득공제 요건	· 총급여액이 7천만원 이하인 근로소득이 있는 거주자 일 것 · 무주택 세대주일 것 · 무주택확인서(소득공제 신청용)를 은행에 제출할 것
청년우대	· 대상 : 만19세~34세인 연소득 3천 6백만원 이하의 무주택 세대주(예정자) · 혜택 : 청년우대형으로 하면 1.5%의 추가금리 제공 (2023년 기준)

*향후 정책 및 금리변경에 따라 달라질 수 있음

딸 청약종합저축이 일반적금에 비해 특별히 좋은 점은 어떤 건가요?

아빠 만약 월급 받은 돈으로 너와 너의 입사동기가 은행에 매월 20만원씩 3년 동안 저축을 하기로 했다고 하자. 저축상품도 여러 가지가 있는데, 너는 〈일반 적금〉에 가입하고, 너의 친구는 〈청약종합저축(청년우대형)〉에 가입했다고 가정하고 얘기해 볼게. 일반적금과 청약종합저축을 비교하면서 보면 이해하기가 쉬울 거야. 결론부터 말하면 아래 표에서 보는 바와 같이 일반적금으로 저축하는 것보다 청약종합저축(청년우대형)으로 저축하는 것이 훨

직장인도 부자가 될 수 있는 월급세팅법

일반적금과 청약종합저축[청년우대형]의 수익비교[월 20만원씩 3년 납입 시]

구분	일반 적금	청약종합저축(청년)	차이(초과수익)
매월 납입액	200,000	200,000	
3년 납입액	7,200000	7,200000	
기본금리(연환산)	2.1%	2.1%	
추가금리(청년)	0%	1.5%	+1.5%
이자	233,100	399,600	+166,500
세금	35,897	0	+35,897
세금환급	-	475,200	+475,200
3년 후 수익	197,203	874,800	+677,597
원금대비 수익률	2.74%	12.15%	+9.41%
기타	-	대출이자 0.2% 감면	2억 대출시 30년 1,200만원 이자절감
	-	분양권 (매매차익)	프리미엄 (매매차익) 기대

*정책 및 금리 변경에 따라 달라질 수 있음

씬 유리해.

첫째, 일반적금에 가입한 너의 경우에는 기본금리 2.1%가 적용되어 3년 후 이자는 233,100원인데 이자소득세 35,897원을 내야 하므로 결국 세후 수익은 197,203원이야. 반면 청약종합저축(청년우대형)에 가입한 너의 친구는 2.1%의 기본금리에 추가금리 1.5%를 더 받을 수 있고 비과세 요건*을 갖추면 비과세 혜택도 받을 수 있지. 그래서 너의 동기는 3년 후 399,600원의 이자를 받게 되고, 비과세요건에 해당되면 세금을 한 푼도 내지 않아.

*3가지만 맞추면 청약종합저축도 비과세 가능

① 가입일 현재 무주택세대의 세대주일 것
② 근로소득자로서 직전년도 총 급여액이 3,600만원 이하일 것
　(자영업자의 경우에는 직전년도 종합소득이 2,600만원 이하일 것)
③ 가입 후 2년 이내에 비과세 신청서류를 제출할 것

*향후 정책 및 세법 변경에 따라 달라질 수 있음

　둘째, 일반적금에 가입한 너의 경우에는 소득공제가 전혀 없어. 반면 청약종합저축(청년우대형)에 가입한 너의 동기는 소득공제가 있어서 매월 20만원씩 납입하는 경우 매년 158,400원씩 납부한 세금을 환급받을 수 있어. 3년 동안 납입하는 경우 월급날 원천징수 했던 세금의 475,200원을 돌려받게 된다는 거지.

청약종합저축에 가입하면 세금을 얼마나 돌려받을 수 있나?

월저축액	연간 납입누계	소득공제 금액	세금환급액	
			과표 1,400만원 이하	과표 5,000만원 이하
100,000	1,200,000	480,000	31,680	79,200
200,000	2,400,000	960,000	63,360	158,400
250,000	3,000,000	1,200,000	79,200	198,000
500,000	6,000,000	1,200,000	79,200	198,000

*정책 및 세법개정에 따라 달라질 수 있음

직장인도 부자가 될 수 있는 월급세팅법

청약종합저축은 연간 납입액 기준 300만원한도까지만 절세 혜택이 있어. 월 납입액 기준으로 보면 매월 25만원 납입 시 환급액(198,000원)이 가장 크다고 볼 수 있지. 따라서 월 30만원을 납입해도 환급액은 198,000원, 월 50만원을 납입해도 환급액은 198,000원이야. 그러니 절세측면에서 25만원씩 납입하는 것이 가장 효율적이라고 볼 수 있어.

셋째, 청약종합저축(청년우대형)에 가입한 너의 동기는 새 아파트에 청약할 수 있는 자격이 주어지지만, 일반적금에 가입한 너는 새 아파트에 청약할 자격 자체가 없어. 또 청약저축가입자에 대하여 대출이자를 0.2% 감면해 주는 은행도 있어. 그러면 2억원을 30년 만기로 대출받은 경우 무려 1,200만원의 이자를 절감할 수 있어. 거기에다가 청약한 아파트에 당첨되고 아파트가격이 크게 오르면 엄청난 수익을 기대할 수도 있게 되지.

똑같은 20만원을 저축한다고 어떤 상품에 어떤 조건으로 가입하느냐에 따라 3년 후 결과가 크게 달라질 수 있어. 3년 동안 똑같은 20만원을 저축하더라도 청약종합저축(청년우대형)이 일반적금 수익보다 무려 4배 이상 많아. 그 뿐 아니라 대출이자 감면, 집값상승 등을 감안하면 일반적금보다 수십배 더 많은 수익을 기대할 수도 있어.

딸 와! 월 20만원 납입하는 것이라 거의 차이가 없을 줄 알았는데, 이렇게 차이가 클 줄은 몰랐어요. "이런 것 때문에 월급세팅을 강조하시는 거죠?!" 청약종합저축을 단지 아파트 청약하기 위해 가입하는 것 정도로만 생각했었는데 알고 보니 엄청 큰 혜택이 또 있었군요. 저도 청약종합저축부터 가입해야겠어요.

매년 원금의 16.5%
더 받을 수 있는 상품

딸 그럼 직장인이 두 번째로 가입해야 할 상품은 무엇인가요?

아빠 두 번째 필수상품은 연금저축이야. 연금상품은 노후생활을 위한 준비상품이라고 볼 수 있어. 먼 후일을 위한 연금상품이라서 젊은 새내기 직장인은 관심이 없는 경우가 많아. 아직 자신의 노후를 걱정할 나이는 아니라고 생각하거든. 하지만 대표적인 연금상품인 연금저축은 절세효과가 탁월한 상품이기도 때문에 젊었을 때부터 가입하는 것이 유리해. 절세측면에서는 청약종합저축보다도 훨씬 더 좋아. 연금저축은 신탁형태, 펀드형태, 보험형태로 설정되어 아래 표에서 보는 바와 같이 연금저축이라도 그형태에 따라 약간 다른 특징들이 있어. 은행상품인 연금저축신탁은 예금자보호상품이라는 점이 특징인데, 대부분의 은행이 연금저축신탁의 판매를 종료시켰기 때문에 지금은 연금저축펀드나 연금저축보험으로만 가입할 수 있어.

금융권역별 연금저축 비교

구분	은행	증권사	생명보험	손해보험
상품	연금저축신탁	연금저축펀드	연금저축보험	연금저축보험
납입방식	자유납	자유납	정기납	정기납
연금형태	· 확정	확정	종신, 확정	확정 (~ 25년)
예금자보호법	적용	적용되지 않음	적용	적용

딸 절세측면에서는 연금저축이 청약종합저축보다 더 좋다고 말씀하셨는데요. 절세효과가 어느 정도 되는지요?

아빠 연금저축에 매월 50만원씩 납입하면 매년 99만원을 환급받을 수 있어. 거의 두 달 치 납입금을 돌려받는 셈이지. 연간 근로소득 기준으로 5,500만원 이하인 경우 연간 납입액의 16.5%를 돌려받도록 되어 있거든. 매월 50만원씩 납입하여 연간 납입액이 600만원인 경우, 600만원의 16.5%인 99만원을 이미 낸 세금에서 환급받을 수 있어. 연간 근로소득이 5,500만원을 초과하는 경우에는 연간 납입액의 13.2%인 792,000원만 돌려받게 돼.

근로소득이 높은 경우에는 세제혜택을 조금 적게 준다고 볼 수 있지. 그렇다고 해도 환급받는 금액이 규모가 청약종합저축의 환급액(198,000원)보다 훨씬 많다고 할 수 있지.

연금저축에 가입하면 세금을 얼마나 돌려받을 수 있나?

월저축액	연간 저축누계	돌려받는 세금	
		연간 근로소득 5,500만원 이하(16.5 %)	연간 근로소득 5,500만원 초과(13.2 %)
100,000	1,200,000	198,000	158,400
200,000	2,400,000	396,000	316,800
300,000	3,600,000	594,000	475,200
400,000	4,800,000	660.000	528,000
500,000	6,000,000	990,000	792,000
600,000	7,200,000	990,000	792,000
1,000,000	12,000,000	990,000	792,000

*세법개정에 따라 달라질 수 있음

연금저축의 경우에도 월 저축액 규모가 클수록 환급액도 커져. 다만, 연간 납입기준으로 600만원 한도까지만 환급혜택이 있기 때문에 월저축액 기준으로 50만원씩 납입할 때 절세효과가 가장 좋아. 바꿔 말하자면 월60만원을 납입해도 환급액은 99만원, 월 100만원을 납입해도 환급액은 99만원이야. 그러니 절세를 위한 연금저축의 최적 납입액은 월 50만원이라고 할 수 있지.

딸 와! 정말 세금혜택이 엄청나네요. 청약종합저축 월 20만 원, 연금저축 월 50만원만 넣어도 매년 115만원 정도의 세금을 돌려받게 되겠군요. 저도 이러한 절세상품에 무조건 가입해야겠 어요.

아빠 그런데 여기서 끝나는 게 아니야. 연금상품으로 주목할 만한 것이 또 하나 있단다. 바로 IRP^{Individual Retirement Pension}라고 불 리는 '개인형 퇴직연금'이 있어. 이 상품도 절세효과가 엄청 커. 세 금공제율(16.5% 또는 13.2%)은 연금저축과 같지만, 공제한도는 연금저 축과 달라. 연금저축의 세액공제한도는 연간 600만원인데 IRP의 세액공제한도는 연간 700만원이야.

딸 정말이요? 그러면 매년 연금저축에 600만원, IRP에 700만 원 납입하면 1,300만원의 16.5%인 2,145,000원을 환급받을 수 있 겠네요. 연금저축과 IRP에 저축만 잘해도 웬만한 월급 정도를 환 급받을 수 있다니 저는 IRP도 무조건 가입해서 최대한 납입해야 겠어요.

아빠 그러면 얼마나 좋겠니. 연금저축에 연간 600만원, IRP에 연간 700만원을 납입했다고 치자. 그러면 두 상품의 연간 총 납 입금액인 1,300만원의 16.5%인 2,145,000원을 환급받을 수 있을 것이라고 생각할 수 있지. 그런데 그렇지 않아. 세법은 두 상품을 합해서 900만원까지만 세액공제 혜택을 주고 있기 때문이지. 즉, 통합 세액공제한도인 900만원의 16.5%인 1,485,000원까지만 환급받을 수 있단다. 따라서 연금저축에 연간 600만원, IRP에 연간 700만원을 납입한 경우라도 환급받을 수 있는 세금은 1,485,000 원이야. 세액공제 혜택은 900만원까지만 적용되니까 연금저축에 연간 600만원 납입하고 있다면, IRP는 연간 300만원만 납입하는 것이 효율적이라고 할 수 있어. 만약 IRP에 연간 700만원 납입하고 있다면, 연금저축은 연간 200만원만 납입하는 것이 좋겠지. 한마디로 말하면 두 상품의 연간 납입합계액이 900만원일 때 납부했던 세금을 가장 많이 돌려받는다고 생각하면 돼.

연금상품 세제혜택으로 받을 수 있는 세금은 최대 얼마인가?

연간 근로소득	세액 공제한도			세액 공제율	최대 환급액
	개별한도		통합한도		
	연금저축	IRP	연금저축+IRP		
5,500만원 이하	600만원	700만원	900만원	16.50%	1,485,000원
5,500만원 초과	600만원	700만원	900만원	13.20%	1,188,000원

*세법개정에 따라 달라질 수 있음

딸 아! 그렇군요. 왠지 60만원 손해 본 듯한 느낌인데요. 하하. 그래도 연금저축과 IRP 합해서 연간 900만원을 납입하면 150

만원 정도 돌려받는다니 그것만도 엄청나다고 생각해요. 두 상품 모두 절세한도까지 저축해 보겠습니다.

아빠 흐음… 그런데 말야. 절세상품에 올인 하는 것이 그닥 좋은 방법이 아닐 수도 있단다. 왜냐하면 연금저축이나 IRP의 세액공제제도는 1년간 세금을 얼마나 냈느냐에 따라 그 효과가 없을 수도 있기 때문이지. 만약 네가 연간 연금저축 600만원, IRP 300만원 납입하여 1,485,000원 세금을 돌려받을 수 있는 조건이 되었다고 가정해 보자. 그런데 네가 1년 통틀어 낸 세금이 100만원밖에 안된다면 1,485,000원을 환급받을 수 있는 것이 아니라 아무리 많이 환급받아도 100만원을 넘을 수 없어. 왜냐하면 연금상품 납입으로 환급받는 돈은 자신이 낸 세금 한도 내에서 돌려주는 것이기 때문이지. 또 세금에 대한 공제는 연금저축 납입을 통한 공제만 있는 것이 아니라 기본공제, 공적연금보험료 공제, 주택자금 관련 공제, 기부금 공제 등 다른 공제항목도 많단다. 따라서 연간 납부한 세금이 그리 많지 않으면 연금저축이 아닌 다른 공제가 적용되어 연금저축으로 인한 세금환급액은 없을 수도 있어. 따라서 연간 세금 납부액을 미리 확인해 보고, 세금이 100만원 이하라면 연금상품의 비중을 낮추는 것이 바람직하다고 볼 수 있어. 예를 들어 연간 납부한 세금이 100만원이라면 연금저축 월 10만원, IRP 월 10만원 이 정도만 해도 돼. 소득이 높

직장인도 부자가 될 수 있는 월급세팅법

아지면서 원천징수되는 세금이 많아지면 그때 연금저축의 월 납입액도 같이 높여주면 된단다.

딸 에고~ 세금 환급받는다는 것이 그리 녹록지 않군요. 연금저축 가입할 때 또 주의해야 할 것은 없나요?

아빠 원칙이 있으면 예외도 있고, 혜택이 있으면 불이익도 있어. 연금상품도 마찬가지야. 연금목적으로 활용하면 절세혜택이 큰 반면, 중도해지 하거나 연금으로 수령하지 않고 일시에 수령하는 경우에 전체금액의 16.5%를 세금으로 추징하거든. 세금 환급받을 목적으로 무리해서 연금저축을 넣다가 해지하면 세액공제 받은 금액 상당액을 그대로 토해내거나 오히려 돌려받았던 세금 혜택보다 더 추징당할 수도 있다는 거지.

예를 들어 연금저축에 매년 400만원씩 5년을 넣고 운용수익이 100만원 나서 현재 평가액이 2,100만원이라고 가정해보자. 이 경우 해약하면 2,100만원의 16.5%에 해당하는 금액인 346만원을 세금으로 추징당하게 돼. 이렇게 되면 매년 66만원씩 총 5번 돌려받은 환급금 330만원보다 14만원 더 많은 금액을 추징을 당하게 된 셈이야. 연금저축의 목적은 노후에 연금으로 활용되도록 유도하기 위해 국가에서 세제혜택을 주는 '장기'상품이야. 그런데 그런 목적으로 활용하지 않고 중도에 해지하는 경우 국가는 세금추징으로 응징?한다는 뜻이지. 연금저축은 중도해지 하지 않고 노후에 연금형태로 받을 경우에만 세금을 추징하지 않겠다는 것이 세법의 입장이야. 따라서 연금상품은 절대 중도해지하지 않을 자금으로만 납입해야 해. 다시 말하면 연금상품을 단기 세액공제 목적, 결혼자금 마련 목적, 주택자금 마련 목적 등으로 활용하기 위해 넣는 것은 바람직하지 않아. 중도에 해지하면 세금추징으로 인해 원금손실도 가능하기 때문이지. 연금저축은 중도해지하지 않고 연금수령시점(만55세)까지 유지하며 오로지 연금목적으로 인출될 때만이 세금혜택을 다 받을 수 있어.

연금저축은 최소 5년 가입 기간을 유지해야 해. 또 만 55세 이후부터 최소 10년 이상 '연금형태'로 수령해야 세금추징이 없는 상품이야. 다르게 표현하면 연금형태가 아닌 일시금형태로 받을 경우에도 16.5%의 세율로 세금을 부과한다는 뜻이야. 연금저축은 연금수령기간이라도 연금형태로 받는 경우에만 세금혜택을 주지만, 일시금으로 받는 경우에는 세금으로 추징한다는 점을 명심해야 해.

연금수령기간에 연금형태로 수령하면 비교적 낮은 세율로 과세한다는 점이 연금저축의 좋은 점이야. 55세부터 70세 사이에 수령하면 5.5%, 70세부터 80세 사이에 수령하면 4.4%, 80세를 넘어서 수령하면 3.3%로 저율 과세되므로 나이가 들수록 세금도 줄어들게 되지.

이처럼 연금저축은 세금공제 혜택이 크다는 장점도 있지만, 중도해지하거나 일시금으로 수령하는 경우에는 세금을 추징한다는 단점이 있는 상품이야. 결혼자금, 주택자금, 자녀학자금 등만 55세 이전에 인출해야 하는 자금으로 연금저축에 납입하는것은 좋은 선택이 아니야. 연금저축은 만55세 이후에 연금으로받을 자금만 넣어야 해. 따라서 다양한 목적자금이 많이 필요한젊은 시절(20~30대)에는 연금저축에 소액으로 납입하다가, 나이가많아지고 소득이 많아질수록 납입액을 점점 높여가는 것이 현명하다고 할 수 있지.

적금보다 10배 더 높은 고수익 투자상품

딸 최근에 주가등락이 커지자 적립식펀드가 유리하다는 뉴스를 봤는데요. 적립식펀드가 왜 유리한지 잘 모르겠어요. 제가 생각하기에는 주식시장이 불안할 때는 펀드보다 안전한 적금이 더 유리할 것 같은데….

아빠 그래. 네 생각도 일리가 있어. 무엇이 더 유리하냐는 문제는 저축형상품(적금)과 투자형상품(펀드) 중 어느 것을 선택하느냐의 문제이지, 옳고 그름의 문제가 아니거든. 사람의 투자성향에 따라 선택이 달라질 수 있어. 원금손실을 극도로 싫어하는 사람은 적금을 선택하는 것이 적절하고, 원금손실 가능성이 있더라도 고수익을 기대하는 사람은 펀드를 선택하는 것이 적절하지.

또 시장상황에 따라서도 선택이 달라질 수 있지. 주식시장이 상승하고 있을 때는 적금보다 주식형펀드를 선택하는 것이 적절하고, 주식시장이 하락하고 있을 때는 주식형펀드보다 적금을 선택하는 것이 적절하지. 그래서 돈을 굴릴 때 이른바 '전문가'라고 불리는 분들의 추천상품만 맹신하는 것은 적절하지 못해. 더 중요한 것은 '나의 투자성향이 안정적인지, 공격적인지를 아는 것' 그리고 '시장상황에 적합한 상품이 어떤 것인지를 아는 것'이라고 볼 수 있어.

딸 얼마 전 할머니와 전화했는데 열심히 벌어서 은행에 예금하라고 하시더라구요. 근데 은행에 갔더니 펀드를 추천하는 거예요. 왜 은행에서 펀드를 추천하죠?

아빠 과거에 비하면 지금의 예금이자는 너무 낮아졌어. 예전에는 예금금리가 꽤 높았었지. 할머니께서 돈을 벌던 1970년대 1980년에는 예금금리가 지금보다 10배쯤 높았어. 1970년에 은행의 예금금리가 22.8%였다고 해. 1억원 예금하면 1년에 2,200만원씩 이자로 주는 은행이 지금도 있다면 얼마나 좋을까! 할머니가 돈 벌던 시대에는 지금은 상상할 수도 없을 만큼의 높은 이자를 주었기에 할머니께서는 그렇게 말씀하시는 것 같아. 하지만 저금리시대인 지금은 예금의 인기가 떨어졌지. 그래서 위험이 좀 있기는 해도 예금보다 훨씬 높은 수익을 기대할 수 있는 펀드가 더 대중적인 상품으로 자리매김하고 있어. '저축(예금)의 시대는 가고, 투자(펀드)의 시대가 왔다!'고 말할 수 있는 거지.

대한민국 50년간 예금금리는?

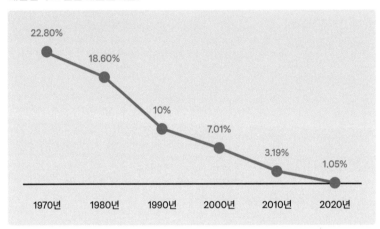

참조 : 한국은행 경제통계 시스템 자료

딸 적립식펀드에는 어떤 상품이 있나요?

아빠 적립식펀드는 상품명이 아니라 펀드 투자 방식이야. 은행저축의 경우에도 한번에 목돈을 1회만 저축할 수 있는 예금식(정기예금, 청약예금 등) 이 있고, 일정기간 소액씩 여러번 저축할 수 있는 적금식(정기적금, 자유적금 등)이 있잖아. 펀드도 비슷한데 용어가 좀 다르지. 펀드에 투자하는 방식은 한 번에 목돈을 1회만 투자할 수 있는 '거치식'과 일정기간 동안 적립방식으로 투자하는 '적립식'이 있어. 동일한 펀드라도 투자자의 선택에 따라 거치식으로 투자할 수도 있고, 적립식으로 투자할 수 있어.

보통 목돈을 운용할 때는 거치식을 선택하고, 종잣돈 마련을 위해 소액으로 매월 납입하고자 할 때는 적립식을 선택하는 것이지. 정리하자면 '적립식펀드'라는 상품이 있는 것은 아니야. 펀드에 적립식으로 투자하면 편의상 그 펀드를 적립식펀드라고 부르는 것이지. 정확한 표현은 '적립식펀드'라고 하는 것보다 '적립식 펀드투자'라고 표현해야 맞지. 은행이나 증권사에서 판매하는

OO증권 적립식펀드 판매상품(예시)

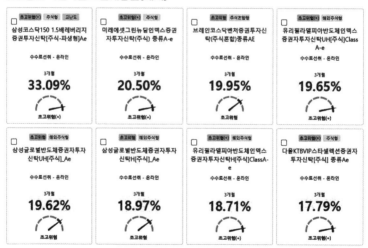

*상기 펀드는 실적배당상품으로 표시된 수익률은 확정수익이 아니며, 향후에는 손실이 날 수도 있음

공모펀드는 대부분 적립식으로 투자할 수 있다고 보면 돼. 아래 예시와 같이 거래하는 금융회사의 홈페이지에 들어가 보면 보기 좋게 진열되어 있단다.

딸 와우! 적금수익률의 10배 이상 되는 것 같은데요. 저도 적립식펀드에 빨리 투자해야겠어요. 굳이 적금은 할 필요가 없을 것 같아요.

아빠 수익률이 높다는 것은 반대로 생각하면 손실이 클 수도 있다는 것을 의미한단다. 적금은 원금손실위험이 없어 안전한 대신 수익률이 낮지. 반면 펀드는 시장상황에 따라 수익률이 높을 수도 있지만 원금손실이 크게 날 수도 있는 상품이야. 예를 들어 주식에 주로 투자하는 ○○펀드에 적립식으로 투자했다고 가정해 보자구. 주식시장이 상승할 때는 수익률이 높겠지만, 하락할 때는 수익은커녕 손실이 커질 수도 있어. 그래서 펀드에 투자할 때는 자신이 감수할 수 있는 손실수준을 파악하고 투자하는 것이 좋아.

딸 펀드라고 무조건 수익이 좋은 것만은 아니군요. 그래서 자신이 감수할 수 있는 손실수준을 파악하고 투자하라는 것 같은데, 감수할 수 있는 손실수준은 어떻게 잡아야 하나요?

아빠 간단하게 자신의 손실수준을 잡는 방법이 있어. 예를 들면 이런 거야. 만약에 100만원으로 큰 수익도 날 수 있지만 큰 손실도 가능한 ○○주식형펀드에 투자했다고 가정해봐. 최근 1년간 ○○주식형펀드의 수익률을 20%야. 네가 이 상품에 투자한 경우 수익이 날 수도 있지만, 손해가 날 수도 있잖아. 만약 네가 ○○주식형펀드에 투자했다가 20% 손실이 나서 잠을 잘 수 없을 정도로 괴로워. 20% 손실 때문에 네가 잠도 못 잘 정도로 스트레스를 받는다면 ○○주식형펀드는 투자하지 않은 것이 좋아. 하지만 '투자하다 보면 20% 손실이 날 수도 있고, 20% 수익이 날 수도 있는 거지, 뭐!' 이렇게 생각한다면 넌 이 상품에 가입해도 돼. 정리하자면 손실감수수준은 손실 나도 잠을 못 잘 정도로 스트레스 받지 않을 정도의 손실수준이라고 보면 돼. 예를 들어 네가 20% 손실까지는 참을 수 있지만, 20%를 넘어서는 손실은 참을 수 없다면 너의 손실감수수준은 –20%인 거지. 손실감수수준이 –20%라는 것은 수익률도 20% 정도 기대하는 것이라고 볼 수 있어.

딸 손실은 싫은데… 손실은 나지 않으면서 높은 수익을 주는 상품은 없나요?

아빠 그런 상품이 있으면 아빠도 얼른 투자하고 싶은데, 안타깝게도 그런 상품은 없어. 손실이 나지 않는 상품(ex. 적금)은 수익이 적고, 수익이 큰 상품(ex. 펀드)은 손실도 클 수 있다는 것이 투자의 원리거든. "High Risk, High Return(위험이 클수록 수익도 크다)."라는 투자격언도 있어. 그래서 투자형상품에 가입하는 경우에는 자신이 부담할 수 있을 정도의 위험을 감수해야 해. 예를 들어 ○○증권 적립식펀드 판매상품 중 수익률 1위는 현재 33.09%를 기록하고 있는데, 이 펀드에 가입하고자 한다면 33.09%의 손실이 나도 큰 스트레스 없이 잠잘 수 있는 사람이 가입해야 한다는 것이지. 33.09%의 손실을 감수할 수 없는 사람이 이 상품에 가입하였다가 만약 30% 이상 손해가 나면 어떨까? 그 사람은 경제적 손실뿐만 아니라 정신적 고통도 커지고, 자신의 일도 제대로 못하게 될 가능성이 커져. 그래서 자신의 손실감수수준을 넘어서는 투자는 바람직하지 않아.

딸 아빠는 손실감수수준이 어느 정도 되나요?

아빠 난 -20% 정도야. 그래서 20%를 넘어서는 손실은 나지 않도록 관리하지. 아빠는 주로 비중으로 관리하는 편이야. 다시 말하면 최대 100% 손실이 가능한 상품도 가입하지만 전체 여유자산에서 차지하는 비중을 20% 이내로 하는 거야. 그러면 그 상품에서 큰 손실을 보더라도 전체자산에서 차지하는 비중이 적으니까, 손실수준도 전체 여유자산의 20%를 초과하지는 않게 되

는 거야. 3년 전에 아래 자료에서 보듯이 매월 34만원씩 적립식펀
드를 가입하였는데, 이 상품은 주식형펀드라서 손실이 30% 이상
날 수도 있는 상품이야. 그런데 하지만 전체 여유자산에서 차지
하는 비중이 낮기 때문에 가입했어. 15회차 투자할 때까지는 주
식시장이 상승해서 연환산수익률이 무려 27.32%나 되었었지. 그
런데 펀드의 수익률은 항상 오르기만 하는 것이 아니야.

주식시장 상승추세에서 가입한 적립식펀드(주식형) 수익률 (예시)

적립식펀드수익률	임의식펀드수익률 조회						
개별계좌번호	▼ 송영옥			비밀번호 ****			
계약번호	005 Q					이용안내 조회 다음	
펀드코드	011046	계약상태		만기후 일부출금	당일(출금일)		2021/08/06
계약가입일	2020/01/10	계약만기일		2021/01/09	저축구분		정액적립
월납입금액	340,000원	월납입일		16일	당일(출금)기준가		2,131.94원
경과회차	20회	총납입회차		15회	잔고(출금)좌수		82,454좌
총납입금액	5,100,000원	납입기준세전평가금액		7,290,827원	출금가능금액		175,787원
단순수익률(세전)	42.96%	대체약정만료일			연환산수익률		27.32%

회차	매수일	매수유형	납입원금	매수기준가	단순수익률(세전)	경과일수	연환산수익률
15	2021/03/17	펀드청약매수	340,000	1,990.22	7.12	142	18.30
14	2021/02/17	펀드청약매수	340,000	2,076.50	2.67	170	5.73
13	2021/01/19	펀드청약매수	340,000	1,922.87	10.87	199	19.94
12	2020/12/10	펀드청약매수	340,000	1,688.88	26.23	239	40.06
11	2020/11/17	펀드청약매수	340,000	1,569.69	35.82	262	49.90
10	2020/10/19	펀드청약매수	340,000	1,458.39	46.18	291	57.93
9	2020/09/17	펀드청약매수	340,000	1,571.43	35.67	323	40.31

*상기 펀드는 실적배당상품으로 표시된 수익률은 확정수익이 아니며, 향후에는 손실이 날 수도 있음

가입 후 2년째 되던 해에 주식시장이 하락하여 3년이 지난 지금
-10.75%야. 손실 중이지만 스트레스는 받지 않아. 왜냐하면 손실
률이 내 손실감수 수준 범위 내에 있기 때문이지. 주식시장은 사
이클이 있어 하락추세일 때도 있고 상승추세일 때도 있다는 것
을 알기 때문에 걱정하기보다는 당연하다고 생각해. 지금은 매

월 34만원씩 투자하던 적립식펀드의 투자금액을 50만원으로 증액했어. 주가가 많이 떨어져 있으니 저가에 분할매수하여 손실률도 낮추고, 향후 주식시장이 상승추세로 전환되면 더 많은 수익을 기대하기 위해서 말야. 미리 준비하는 자에게 기회는 오게 되어 있거든.

딸 월급 받으면 어떤 상품에 넣어야 할지 고민이었는데 해결되었네요. 월급세팅을 해 놓으면 수익률도 높이고 투자하기 좋은 기회도 잡을 수 있겠다는 생각이 듭니다!

Chapter 03

직장인의 허당지출, 수입으로 바꾸기

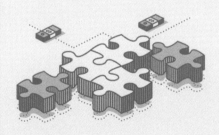

끓는 물속의 개구리(boiling frog)

끓는 물속의 개구리(boiling frog)는 끓는 물 안에서 천천히 죽어가는 개구리에 관한 이야기이다. 처음에 개구리가 끓는 물 안에 들어가면 깜짝 놀라 뛰쳐나오겠지만, 만약 점점 따뜻해져 끓게 되는 뜨거운 물에 들어가게 되면 위험한 줄 모르다가 죽게 된다는 것이다. 이 이야기는 서서히 일어나는 변화에 반응하지 않고 무능하고 무관심한 사람들을 은유할 때 사용된다.

매년 월세 127만원
돌려받는 방법

아들 아빠, 제가 엄청 돈을 낭비하는 것은 아니거든요? 쓸 것만 쓴다고 생각하는데… 쓰고 나면 저축할 돈이 별로 없어요. 지출관리는 어떻게 하는 게 좋을까요?

아빠 작은 지출을 줄이는 것도 좋지만, 더 중요한 것은 큰 지출을 줄이는 것이라고 생각해. 새내기 직장인이 범하기 쉬운 큰 허당지출 2가지가 있어. 그 첫 번째는 집으로부터 독립한 경우 주거비용이 주범인 경우가 많아.

아들 저도 집 나오니까 월세가 큰 부담인 것 같아요. 이것도 줄일 수 있나요?

직장인도 부자가 될 수 있는 월급세팅법

아빠 당연히 있지! 월세를 냈으면 연말정산할 때 월세 세액공제 제도를 이용하여 월세 두 달치 정도는 환급받을 수 있거든. 월세를 냈어도 연말정산 때 월세 냈다는 증빙을 제출하지 않으면 환급액은 전혀 없어. 그러니까 월세공제는 연말정산 할 때 반드시 증빙을 갖추어 제출했을 때만 세금을 돌려준다고 보면 돼.

아들 와~ 이런 제도도 있었나요? 그럼 월세세액공제는 얼마까지 되는지요?

아빠 월세세액공제는 총급여가 얼마냐에 따라 돌려받는 세금도 약간 달라. 연소득 5천5백만원 이하인 경우에는 연간 월세지급액의 17%, 연소득 7천만원 이하인 경우에는 연간 월세지급액의 15%를 환급해 줘. 아래 표를 한번 봐. 예를 들어 연봉 4천만원인 직장인이 월세 300,000원을 내고 있다면 612,000원을 환급받을 수 있고, 월세 625,000원을 내고 있다면 1,275,000원을 환급받을 수 있어. 월세 두 달치 정도는 세금에서 돌려받을 수 있는 셈. 월세세액공제도 무한정 해주는 것은 아니고 연간 월세지급액 기준 750만원(월세환급액 기준 1,275,000원)까지만 가능해.

아들 저도 월세 50만원 내고 있으니 1,020,000원을 돌려받을 수 있겠군요. 그런데 연말정산할 때 월세세액공제를 받으려면 어떤 서류를 제출해야 하나요?

월세로 낸 돈, 얼마나 돌려받을 수 있나?

월세	연간 월세지급액	돌려받는 세금	
		연소득 5천500만원 이하 (17%세액공제)	연소득 7천만원 이하 (15%세액공제)
300,000	3,600,000	612,000	540,000
500,000	6,000,000	1,020,000	900,000
625,000	7,500,000	1,275,000	1,125,000
700,000	8,400,000	1,275,000	1,125,000

*세법개정에 따라 달라질 수 있음

아빠 월세세액공제를 위한 증빙서류는 주민등록등본, 임대차 계약서 사본, 월세지급을 증명할 수 있는 서류(현금영수증, 계좌이체영수증, 무통장입금증 등)만 있으면 돼. 새내기 직장인들은 연말정산을 신경 쓰지 않는 경우가 많아. 연말정산을 통한 절세방법을 잘 모르기도 하고, 바빠서 신경 쓰지 못하다가 증빙서류를 준비하지 못하는 경우도 있는 것 같아. 월세 세액공제의 경우도 증빙서류만 제출하면 월세 두 달치 환급받을 수 있는데, 이런 제도 자체를 모르거나 알더라도 증빙서류를 제때 제출하지 않으면 두 달치 월세를 날려버리는 셈이지.

아들 월세세액공제가 이렇게 많이 되는 줄 몰랐어요. 연말정산할 때 증빙서류 잘 챙겨서 두 달치 월세 꼭 돌려받아야겠어요!

월세 50만원을
10만원으로 줄이는 방법

아들 월세 세액공제를 받는다 해도 여전히 월세가 부담되기는 해요. 저는 아직 새내기 직장인인지라 연봉이 그리 높지 않잖아요. 월세 내고 먹고 사느라 저축할 여윳돈이 너무 적은 것 같아요. 부모님과 함께 집에서 살 때는 몰랐는데, 막상 독립해서 혼자 살아보니 왜 이렇게 돈 들어가는 데가 많은지….

아빠 그래. 맞아. 독립해서 혼자 모든 비용을 부담한다는 것이 쉬운 일은 아니지. 너의 고민을 상당 부분 해결할 수 있는 희소식을 하나 알려줄게. 바로 월세부담을 80% 줄이는 방법, 기대하시라!

아들 월세부담을 8%도 아니고 80% 줄이는 방법! 그런 방법이 정말 있나요? 그렇게만 된다면 숨통이 트일 것 같아요.

아빠 그건 바로 정부에서 지원하는 청년전세보증금대출을 활용하는 방법이야. 너의 경우에는 지금 살고 있는 오피스텔의 임대차 계약기간이 끝난 후에 가능해. 청년전세보증금대출을 받아서 다음에 살 집은 월세로 계약하지 말고 전세로 계약하면 돼.

아들 대출이요? 대출받는 것은 좀 꺼려지는데요. 대학교 다닐 때 학자금대출 받은 친구들이 있는데요. 이제 직장 들어가서 학자금대출 갚느라고 고생하고 있다고 들었거든요. 저도 이제 돈 벌기 시작하는데 빚부터 진다는 것이 왠지 부담돼요.

아빠 대출이 무조건 부담스러운 것만은 아니야. 지금보다 좋은 상황을 만들어주는 대출이라면 잘 활용하는 것이 바람직하다고 생각해. 정부에서 지원하는 대출 중 중소기업취업청년 전세보증금대출(일명 '중기청대출'이라함)은 1억원까지 대출이 가능하고 대출금리는 고작 1.2%에 불과해. 현재 4대 시중은행의 주택담보대출금리가 5.34%(2023.1.26.은행연합회 자료)인 것에 비하면 엄청나게 싼 이자로 대출해 주는 것이라고 볼 수 있어.

아들 1억원 대출받는데 대출금리가 1.2% 라구요? 정말 대출이자가 싸네요. 그렇게 싼 이자로 제가 대출받을 수 있는 자격이 되나요? 담보도 없고, 신용등급이 높은 것도 아니고, 대기업에 다니는 것도 아닌데요.

아빠 중기청대출은 대출받기 힘든 청년들을 위해 정부에서 특별하게 지원하는 사업이기 때문에 너도 가능해. 주택도시기금 사이트에 들어가면 청년전세보증금대출에 대한 내용이 상세하게 안내되어 있어.

나도 중소기업취업청년 전세보증금대출 받을 수 있을까?

대출대상	· 연소득 3천5백만원 이하(부부합산 5천만원 이하) 무주택 세대주 또는 순자산가액 3.61억원 이하 무주택 세대주 · 중소·중견기업 재직자 또는 중소기업진흥공단·신용보증기금의 지원을 받고 있는 청년창업자 · 만19세 이상~만34세 이하 청년 (만 19세가 되는 해의 1월 1일 맞이한 미성년자 포함, 병역의무를 이행한 경우 복무기간에 비례하여 자격기간을 연장하되 최대 만 39세까지 연장)
대출금리	· 연 1.2%
대출한도	· 최대 1억원
대출기간	· 최초 2년(4회 연장 가능, 최대 10년까지 가능)

*정부 정책변경에 따라 달라질 수 있음

넌 연소득이 3천만원이니 연소득 기준에 부합하고, 중소·중견기업 재직자이며, 만 19세 이상~만 34세 이하 청년에 해당되므로 대출대상이 된다고 볼 수 있어. 대출을 1억원까지 받을 수 있으므로 전세보증금이 1억원 정도 되는 오피스텔을 구한 다음, 이 대출을 받아 전세보증금을 내면 되니까 목돈이 없어도 전세로 갈 수 있게 되는 거지. 또 최초 대출기간이 2년이지만, 4회 연장할 수 있어 최장 10년까지 낮은 금리의 대출을 이용할 수 있다는 점도 큰 혜택인 것 같아.

아들 중기청대출! 확~땡기는 데요. 다음에 들어갈 오피스텔은 이 대출을 받아서 전세로 들어가야겠어요. 그러면 월세를 내지 않아도 되니까 주거비용이 크게 줄어들고 저축할 여력은 커지겠죠.

아빠 그렇지. 이 대출을 받아 월세에서 전세로 바꾸면 저축을 480만원 정도 더 할 수 있을거야. 왜냐하면 월세로 내던 월 50만원이 대출이자 월 10만원으로 바뀌면서 월 40만원(연간 480만원)의 여윳돈이 확보되었기 때문이지. 새내기 직장인이 연봉을 480만원 올리기는 쉽지 않아. 하지만 이런 대출을 활용하여 주거비용을 480만원 낮추면, 연봉을 480만원 높이는 것과 같은 효과를 보는 것이지.

아들 전세보증금이 딱 1억원인 것만 있으면 좋겠지요. 그런데 만약에 전세매물로 나온 것 중 전세보증금 1억원인 것은 없고 2억원부터 있다면요? 전세보증금이 2억원인 경우에는 중기청대출을 받더라도 1억원의 돈이 더 있어야 하잖아요. 제가 모아놓은 돈 4천만원을 더하더라도 6천만원이 부족해요. 결국 1억원을 대출 받더라도 전세보증금이 2억원을 낼 수는 없게 되죠. 그러면 계속해서 월세를 살 수밖에 없겠네요…

아빠 그럴 수도 있는데, 또 다른 방법이 있기도 해. '청년전용 버팀목전세자금대출(일명 '버팀목대출'이라함)이란 것이 있는데, 이 대출은 2억원까지 대출이 가능해. 다만, 대출금리가 중기청대출보다 좀 더 높아. 그래도 1.5%~2.1% 정도이니까 시중의 주택담보대출 금리보다는 훨씬 저렴한 편이지.

나도 청년전용 버팀목전세자금대출 받을 수 있을까?

대출대상	· 부부합산 연소득 5천만원 이하 무주택 세대주
	  또는 순자산가액 3.61억원 이하 무주택 세대주
	· 만19세 이상~만34세 이하 청년
	  (만 19세가 되는 해의 1월 1일 맞이한 미성년자 포함, 병역의무를 이행한 경우 복무기간에 비례하여 자격기간을 연장하되 최대 만 39세까지 연장)

대출금리	· 연 1.5%~2.1%
대출한도	· 최대 2억원(임차보증금의 80% 이내)
대출기간	· 최초 2년(4회 연장 가능, 최대 10년까지 가능)

*정부 정책변경에 따라 달라질 수 있음

만약 전세보증금이 2억원인 경우라면, 너의 경우 버팀목대출로 1억6천만원 받고 네가 모아놓은 돈 4천만원을 합하면 될 것 같아.

아들 정말 좋은 정보네요. 낮은 금리로 이렇게까지 많은 대출을 받을 수 있다니, 믿기지가 않는데요.

아빠 이러한 정보를 아는 사람과 모르는 사람은 차이는 시간이 갈수록 굉장히 커지게 되지. 설령 연봉이 같은 사람이라도 이러한 알짜정보를 잘 활용하는 사람은 이러한 정보를 모르는 사람보다 훨씬 자산증식이 빨라진다고 볼 수 있다는 거야. 아래 표에서 보는 바와 같이 너의 경우 월세 50만원을 전세대출로 전환하는 경우, 중기청대출 1억원을 받는 경우 매년 480만원이 절감되고 1억6천만원의 버팀목대출을 받는 경우에는 매년 312만원이 절감되는 것이잖아. 네가 만약 중기청대출을 활용하여 매년 절감되는 480만원을 저축한다면 10년 후에 월세 대비 비용절감액만으로 5천만원 정도의 목돈이 마련될 거야.

다만, 전세보증금이 올라서 버팀목대출 1억6천만원(대출금리 1.8% 가정)을 받은 경우에는 월부담비용이 24만원으로 중기청대출보다 대출이자부담액이 2배 이상 커져서 조금 더 부담이 될 수 있을 거야. 이런 경우에는 친한 친구 한명과 같이 살면서 대출이자를 각각 1/2씩 내기로 한다면 월이자부담액은 12만원으로 줄

월세 50만원을 전세대출로 전환할 경우 비용은 얼마나 줄일 수 있을까?

구 분	월세	중소기업취업청년 전월세보증금대출 (1.2%에 1억원대출)	청년전용 버팀목전세자금대출 (1.8%에 1억6천만원대출)
월비용	500,000	100,000	240,000
연간비용	6,000,000	1,200,000	2,880,000
월세대비 비용 절감액		4,800,000	3,120,000

*금리 및 정책변경에 따라 달라질 수 있음

어들고, 월세대비 비용 절감액은 456만원으로 늘어날 수 있겠지. 만약에 이러한 비용절감액을 투자형상품인 적립식펀드로 장기투자한다면 10년 후 1억원 이상의 목돈을 기대할 수도 있을 거야.

아들 우와~~~ 이건 정말 대박이네요. 월세 사는 새내기 직장인이 반드시 이걸 활용해야 할 것 같아요. 저는 단순히 비용절감만으로도 감지덕지했어요. 그런데 더 나아가 비용절감액을 저축 또는 투자해서 5천만원에서 1억원까지 불릴 수 있을 것이라고는 생각지도 못했거든요. 알짜정보를 잘 활용하는 것은 시작이고, 그 정보를 활용하여 자산을 크게 불리는 것이 마무리라는 생각이 듭니다.

아빠 그래, 너도 이러한 알짜정보를 잘 활용해서 주거비용도 절감하고, 종잣돈도 불려서 빨리 내집 마련 할 수 있었으면 좋겠다. 단, 한 가지 유의할 것이 있어. 이러한 알짜 대출정보는 정부의 정책이 바뀌어 혜택이 줄어들 수도 있고, 아예 없어질 수도 있어. 그러니 지금 알려준 알짜 대출혜택이 앞으로도 계속 있을 것이라고 속단하지는 마. 그러니까 있을 때 잘 활용해.

아들 정말, 그래야겠네요!

직장인도 부자가 될 수 있는 월급세팅법

보험료 조정만으로
5억원을 만들 수 있다.

딸 허당지출 두 번째는 무엇인가요?

아빠 허당지출 두 번째는 과도한 보험료! 보험은 적절하게 가입하면 좋지만 잘못 가입하면 엄청나게 손해를 볼 수도 있어. 누구든 보험이 필요해. 하지만 새내기 직장인일 때는 보험료가 저렴한 상품이 좋다고 생각해.

딸 월보험료는 월급의 10% 정도가 좋다고 들었는데, 이 정도 수준의 보험료라면 괜찮을까요?

아빠 직장인들은 통상 여유자산이 넉넉한 경우가 많지 않아.

항상 부족한 듯한 월급을 모아 모아 결혼도 하고, 집도 사고, 아이도 키워야 하지. 보험은 가입목적에 따라 저축에 중점을 둔 〈저축성보험〉과, 상해·질병 등 위험보장에 중점을 둔 〈보장성보험〉으로 나눌 수 있어. 내 생각엔 보험료가 상대적으로 많으면서 보장혜택이 적은 '저축성 보험'은 가입할 필요가 없다고 생각해. 저축에 중점을 둔다면 저축성보험보다는 은행적금이나 적립식펀드가 더 낫지. 그리고 아무리 좋은 '보장성 보험'이라 하더라도 월급 대비 보험료의 비중이 10%를 초과하는 보험이라면 절대 안돼. 아빠가 생각하기에 보험료의 비중은 월급의 5%미만으로 설정해도 된다고 생각해. 보험료가 낮으면서 보장혜택이 큰 인터넷보험을 활용하면 월급의 5% 미만으로 충분하거든.

딸 대한민국 사망원인 1위가 '암'이라는 뉴스를 본 적이 있어요. 26%가 암으로 죽는대요. 그러니까 암보험은 보험료가 비싸더라도 가입해야 하지 않을까요?

아빠 통계청의 2021년 사망원인 통계에 의하면 26%가 암으로 죽는다는 것이 사실이야. 4명 중 1명이 암으로 죽는 셈. 하지만 이것은 통계의 착시 때문에 암 사망에 대한 공포심을 유발하는 것 같기도 해. 통계청은 '사망인구' 대비 사망원인 통계도 발표하고, '인구 10만명' 대비 사망률 통계도 발표해. 〈사망인구〉를 기준으로 암 사망률은 26%이지만, 〈사망하지 않은 인구를 포함한 인구 10만명〉을 기준으로 하면 암 사망률은 0.16%에 불과해. 사망인구만을 기준으로 하면 4명 중 1명이 암으로 죽지만, 살아있는 사람을 포함하면 1,000명 중 1.6명이 암으로 죽는 셈이지. 사망인구 대비 사망률 통계를 활용하는 것이 유리하다고 판단하는 보험사가 암으로 26%가 죽는다고 겁주는 것은 아닌가 싶어.

우리나라 사망원인 Top 10

순위	사망원인	인구 10만명당(2021년 기준)	
		사망자 수	사망자 비율
1	암	161	0.16%
2	심장질환	62	0.06%
3	폐렴	45	0.05%
4	뇌혈관질환	44	0.04%
5	자살	26	0.03%
6	당뇨병	18	0.02%
7	알츠하이머병	16	0.02%
8	간질환	14	0.01%
9	패혈증	13	0.01%
10	고혈압성질환	12	0.01%

출처 : 통계청 KOSIS

암 사망률도 중요하지만, 더 중요한 것은 암 발생률이라고 생각해. 통계청에서 발표한 인구 10만명당 암 발생률을 보면 34세 이하에서는 0.30%로 미미한 편이지만, 65세 이상에서는 7.89%로 상당히 발생빈도가 높아. 암보험과 같은 질병보험은 어떻게 설계하느냐에 따라 보험료가 천차만별이야. 새내기 직장인의 경우 보험료로 월 10만원 이상 납입해야 하는 암보험은 적절하지 않다고 생각해. 새내기 직장인의 경우 암 발생률도 낮을 뿐 아니라, 월급도 많지 않기 때문에 비교적 저렴한 암보험을 선택하는 것이 좋을 것 같아.

실제 암 발생비율은 어느 정도 되나?

성별	10만명당 암발생자 및 비율(2020년 기준)			
	0-14세	15-34세	35-64세	65세 이상
암발생자	47	300	2,870	7,885
암발생비율	0.05%	0.30%	2.87%	7.89%

출처 : 통계청 KOSIS

딸 사실은 저도 보험에 대하여 거의 몰라요. 작년에 취직한 제 친구도 보험을 가입했다던데, 보험에 대해서 잘 몰라 제대로 가입한 것인지 잘 모르겠다고 그러더라구요.

아빠 아빠가 상담했던 사례를 하나 알려줄게. 아빠 고객 중 병원 원무과에서 근무하는 K씨가 있었어. 매월 보험료가 80만원인 ○○변액보험을 8년 동안 넣고 있다가 상담하러 나를 찾아왔어. 보험으로서의 보장혜택도 있으면서 투자수익도 높은 재테크

상품이라는 보험설계사의 말을 믿고 가입했대. 그런데 8년을 넣었는데 지금 해약하면 원금도 안된다며 울상이더군. 보험계약정보를 확인해 보니 아래의 표와 같았어.

직장인 K씨 변액보험 가입정보

상품명	계약 일자	납입 기간	보험 기간	월 납입액	납입 횟수	원금	해약 환급금
○○○ 변액보험	2006. 08.13	999년	999년	800,000	96회	76,800,000	70,876,316
사망 시 보장금액 1천만원 + 적립금							

K씨는 이 보험에 보장기능과 저축기능이 모두 있다는 장점 때문에 가입했다는데, 그의 가입목적과는 다른 결과가 나왔지. 보험으로서 보장기능은 사망 시 보장금액 〈1천만원+적립금〉이 전부였어. 사망보험금치고 너무 적어. 보험료를 80만원이나 내는데 사망보험금 이외의 어떤 보장혜택도 없어. 수익률이 높을 줄 알았던 변액보험의 저축기능은 말뿐이었어. 8년이 지났는데도 수익은커녕 원금이 600만원이나 손실이야. K씨는 이 보험으로 종잣돈을 모은다고 생각했는데 완전히 실패한 거지.

딸 헐~ 8년을 넣었는데도 600만원 손해라니... 저라면.. 엄청 속상할 것 같은데요. 그분은 어떻게 하는 것이 좋을까요?

아빠 출발부터가 잘못되었어. 서울에서 서쪽인 인천에 가려고 했는데, 동쪽인 강릉으로 가는 길로 들어선 격이야. 보험 가입당시 K씨는 28세 신입직원이었는데, 월보험료 80만원짜리 보험은 너무 지나치지. 보험 가입 당시 신입직원이었기 때문에 월급도 그리 많지 않았어. 꼭 써야 될 돈만 쓰고 보험료 80만원 내고 나면, 저축할 여윳돈이 없다는 거야. 출발부터 잘못된 것이면 새로 시작하는 것이 낫지. 강릉으로 가던 길을 지금이라도 방향을 돌려 인천으로 가야맞는거지. 따라서 월납 80만원짜리 변액보험을 해약하고, 보험과 저축을 따로 분리시킬 필요가 있어.

딸 저 같으면 600만원이나 손해 보고 해약하고 싶지 않을 것 같아요. 8년 동안 유지한 보험을 손해 보고 파는 것보다 원금이 될 때까지 기다렸다가 해약하는 것이 낫지 않을까요?

아빠 서울에서 인천으로 가야 하는데 강릉으로 가고 있다면 강릉방향으로 아무리 오래갔어도 되돌아와야 되는 것 아니겠니. 보험도 원하는 쪽으로 가고 있지 않다면 빨리 정리하고 새로 설계하는 것이 낫다고 생각해. K씨의 경우처럼 월급의 30% 정도의 보험료를 계속 내는 것은 잘못된 거야. 더욱이 저축기능도 부진하고, 보장기능도 약한 ○○변액보험을 유지한다는 것은 서울에서 인천 가야 하는데 강릉으로 가는 것과 마찬가지지. 그래서 K

씨에게 ○○변액보험을 해약하라고 하고, 아래 표와 같이 80만원
에 대한 설계를 다시 해 주었어.

KMI 월납보험료 80만원에 대한 수정 설계

구분	보험료 (원)	보장금액	납입기간	보험기간	해약환급금 (원)
S실손의료비보험	9,950	5천만원	999년	999년	-
H상해보험	6,250	1억5천만원	20년	20년	-
M건강보험	10,300	1천만원	20년	20년	-
적금	773,500	0	8년	0	-
○○변액보험해약	-	-	-	-	70,876,316
합계	800,000	2억1천만원	-	-	-

첫째, 보장기능에 대한 보험료를 대폭 다이어트했어. 매월 보
험료 80만원을 97%나 줄여주었거든. 수정 설계한 보험료는 실비
보험 9,950원, 상해보험 6,250원, 건강보험 10,300원으로 3개보험
을 다 합해도 월보험료는 26,500원에 불과해. 이렇게 수정하니
보험료는 1/30로 줄어들고(80만원->26,500원) 보험을 통한 보장금액
은 21배나 커졌어(1천만원->2억1천만원). 수정 설계 전에는 사망한 경우
에만 보험금을 받을 수 있었어. 죽은 후에 보험금 1천만원 받아
서 뭐하나? 살아있을 때 받아야지! 수정설계 후에는 실비보험으
로 무슨 사고든 실비를 보장받을 수 있고, 사망보험금 뿐만 아니
라 상해사고나 각종 질병에 대한 보험금도 받을 수도 있어.

둘째, 저축기능에 해당하는 부분을 대폭 늘렸어. 80만원 납입하던 보험료가 26,500원으로 줄어들었기 때문에 매월 773,500원의 여윳돈이 생겼어. 이건 적금에 넣으면 되잖아. 그러면 원금이 절대 깨지지 않으면서 이자를 주니까 보험으로 저축하는 것보다 훨씬 낫지. 적립식펀드에 투자하면 더 높은 수익을 기대할 수도 있어. 그뿐만이 아니야. 그동안에는 내세울 만한 Seed Money 종잣돈이 없었는데, 변액보험을 해약하니 70,876,316원이라는 Seed Money가 생겼어. 만약 해약하지 않았다면 그런 목돈을 어디서 구하겠어. 이 돈으로 당장 아파트 계약금으로 사용할 수도 있고, 저축이나 투자를 할 수도 있고, 투잡을 위한 사업자금으로 사용할 수도 있지. Seed Money가 있다는 건 왠지 경제적인 든든함 같은 것을 느끼게 해주지.

딸 와우~ 똑같은 돈인데 어떻게 설계하느냐에 따라 이렇게 엄청난 차이가 나다니… 보험설계만 잘해도 엄청난 종잣돈을 만들 수 있겠군요.

아빠 맞아. 만약 K씨가 처음부터 아빠가 설계해 준대로 보험에 가입했다면 10년 후, 20년 후, 30년 후에 보험료 절약만으로도 수억원의 종잣돈을 확보할 수 있어. 아래 표는 K씨의 월 운용자산 80만원을 변액보험으로 전액 납입하는 경우와 [보장성보험

KMI 월납보험료 80만원에 대한 수정 설계 Before & After

구분	수정 설계 전 (변액보험 월 80만원)			수정 설계 후 (보장성보험 3만원 + 적금 77만원)		
기간(년)	10년 후	20년 후	30년 후	10년 후	20년 후	30년 후
납입보험료 합계	약 1억원	약 2억원	약 3억원	약 0.03억원	약 0.06억원	약 0.09억원
적금평가액 (연 2% 가정)	0	0	0	약 1억원	약 2.2억원	약 3.6억원
해약환급금 7천만원 운용 (연 3% 가정)	0	0	0	약 1억원	약 1.2억원	약 1.4억원
예상 종잣돈 규모	0	0	0	약 2억원	약 3.3억원	약 5억원

3만원 & 적금 77만원] 납입하는 경우로 나누어 비교해 본거야. 요약해 보자면 10년 동안 변액보험으로 운용한 경우에는 보험료로만 약 3억원 납입하고 종잣돈은 없어. 반면 10년 동안 보장성보험 3만원과 적금 77만원으로 운용한 경우에는 납입보험료는 약 300만원에 불과하고, 종잣돈은 약 2억원 정도 확보돼. 30년 후에는 무려 5억원 정도의 종잣돈을 확보할 수 있게 되니까 대기업의 퇴직금보다 많은 수준이 되는 셈이지.

딸 직장인이 가입할 만한 보험에는 어떤 것이 있는지요? 그리고 보험료는 얼마나 책정하는 것이 좋을까요?

아빠 보험은 갑작스럽고 우연한 보험사고에 대한 경제적 준비 수단이라고 할 수 있어. 보험사고는 두 가지 유형이 있어. 첫째는 외부의 충격으로 인한 상해사고야. 예를 들어 차에 치였다거나 높은 곳에서 떨어진 경우 등이지. 둘째는 몸 내부의 문제로 인한 질병사고야. 예를 들면 암에 걸리거나 당뇨병에 걸리는 것 등이지. 상해사고는 '상해보험'에 가입하면 되고, 질병사고는 '질병보험'에 가입하면 돼. 그리고 상해사고 및 질병사고 시 실제 부담하게 되는 병원비를 지급해 주는 '실비보험'도 가입하는 것이 좋아. 직원복지가 좋은 회사의 경우 직원대상으로 단체실비보험을 회사비용을 가입해 주는 경우도 있어. 그런 경우라면 굳이 실비보험을 가입할 필요가 없어. 따라서 직장인이 가입해야 할 보험은 상해보험, 질병보험, 실비보험 정도라고 생각하면 될 것 같아.

딸 저와 같은 직장인은 보험료 수준을 어느 정도로 책정하는 것이 좋은가요?

아빠 보험료는 나이, 직업, 보장내용 및 정도 등에 따라 천차만별이야. 그래서 자기 월급수준을 고려하여 보험료 부담이 없게 가입하는 것이 바람직하지. 인터넷보험을 이용하면 보험설계사를 통하여 가입하는 경우보다 훨씬 저렴하게 가입할 수 있어. 새내기 직장인의 경우에는 인터넷보험을 이용하면 월 10만원 미만으로 상해보험, 질병보험, 실비보험까지 해결할 수 있어. 그리고 나이가 들수록 보험료가 높아지더라도 월수입의 5%를 초과하지 않도록 관리하는 것이 좋다고 생각해. 인터넷보험은 '보험다모아' 라는 사이트(www.e-insmarket.or.kr)에 들어가면 보험회사별로 비교하면서 확인할 수 있어. '보험다모아'는 생명보험협회와 손해보험협회가 운영하는 사이트로 보험회사별 상품을 비교할 수 있어. 질병보험을 알아보려면 질병보험 탭을 클릭하여 들어가면 각 보험사에서 판매되는 질병보험을 확인할 수 있어. 그중에서 보험료 적으면서 보장이 큰 상품을 가입하면 되는 거지. 보험회사별·보험상품별로 보험료, 보장내용 등을 상세히 비교하면서 확인할 수 있을 뿐만 아니라 '인터넷 바로가입' 버튼을 클릭하면 해당 보험사로 이동하여 인터넷보험 가입도 가능해. 1천원 미만 소액보험부터 10만원 이상의 고액보험까지 다양하게 확인할 수 있으므로 자신의 여건에 맞는 보험을 선택할 수 있어. 보험료 기준으로 볼때 너의 경우에는 상해보험과 실비보험은 1만원~2만원, 질병보험은 2만원~5만원 수준에서 가입하면 적정할 것 같아. 보험료로 지출하는 금액은 10만원 미만으로 설정하길 바래. 시간이 갈수록 월수입, 나이, 직업, 갱신여부 등에 따라서 보험료가 점점 높아질 수 있어. 그래도 너의 보험료 비중은 월수입의 5% 미만으로 유지했으면 좋겠어. 보험료 비중이 커지면 종잣돈 만들기가 힘들거든.

Part 2

투자 관리

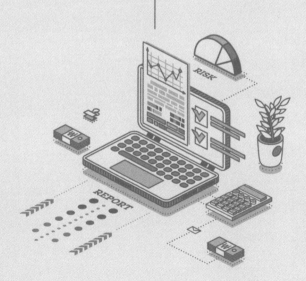

나는 금융직원이었지만
금융직원의 추천상품을 믿지 않는다.
그들은
믿음을 전파하는 '종교인'이 아니라
투자를 권유하는 '금융인'일뿐이다.

믿음으로 투자하는 것은 적절치 않다.
종교인으로서 믿음은 '확실'한 것이지만
금융인으로서 투자는 '불확실'한 것이기 때문이다.

금융직원의 투자권유도 '불확실함'을 전제로 한다.
이것을 간과하는 사람들은
금융직원의 투자권유를 '확실함'으로 믿는 경향이 있다.
그러나 그들은 투자를 '확실'하게 만드는 능력이 없다.
금융직원에 대한 신뢰는
투자의 '확실성'에서 찾아야 하는 것이 아니라
그들의 '정직성'에서 찾아야 한다.

투자현실에서 만연한 것은
'확실성' 아니라 '불확실성'이다.
금융직원이 "나를 믿고 투자해 봐!"

하는 것은 거짓이다.

한편

당신이 "금융직원은 절대 못 믿겠어!"

하는 것도 적절치 않다.

투자는 불확실한 것이지만 '가능성'이 있기 때문이다.

그래서 항상 '희망'이 있다.

Chapter 01

나만의
월급포트폴리오는
바로 이것!

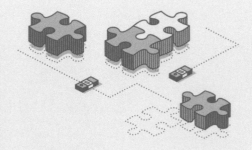

매월 5% 수익만 나면 만족합니다.

제가 증권사에 근무할 때의 일입니다. 주식에 처음 투자하려는 어떤 노신사가 찾아왔습니다. 상담을 하다 보니 그는 아주 보수적이고 원금손실을 싫어하는 사람이었죠. 지금까지 그는 예금과 부동산에만 투자를 해 왔고, 주식은 처음이라고 했습니다. 노신사가 말하길 "나는 큰 욕심 없어요. 매월 5% 수익만 나면 만족합니다." 다른 사람들은 주식투자로 수익률 100% 이상 욕심을 부리지만 자신은 5%로 만족할 테니 안전한 주식만 사달라는 것이었습니다. 그에게 주식투자는 손실이 날 수도 있다고 말해주자 그는 "손해가 날 것이라면 내가 뭣 때문에 당신에게 부탁하겠소? 당신은 주식전문가 아니오? 그러면 고객의 돈을 불려줘야지. 더군다나 내가 대박을 내 달라는 것도 아니고 고작 5% 수익만 내 달라는데…" 하며 못마땅하다는 표정을 지었습니다.

　그 노신사의 마음을 이해하지 못하는 것은 아니었지만 참 억지스러운 요구였습니다. 내가 매월 5%씩 수익을 낼 수 있다면 아마도 집안의 모든 돈을 끌어들이고, 대출이란 대출은 모두 받아 주식에 투자할 것입니다. 노신사는 증권사 직원이 50%도 아니고 5% 수익도 못내냐며 저를 질책했습니다. 명예퇴직으로 직장을 그만두었지만 5% 정도의 수익만 나면 그가 생활하는 데 지장이 없으므로 그 이상은 바라지도 않는다면서요. 하지만 그는 정확히 말해 5% 수익을 요구한 것이 아니라 최소 60% 이상의 수익을 요구한 것입니다. 매월 5%를 요구했으므로 연수익률로 환산하면 연 60%가 넘는 엄청난 수익률입니다. 우리가 뉴스에서 접하는 은행의 이자율은 연간 이자율입니다. 은행 예·적금의 이자율이 연간 2~3%에 불과한데 연 60%를 기대하시다니, 정말 무리한 요구입니다. 게다가 주식투자의 속성상 손해가 날 수 있는 기간도 있는데 그 노신사는 그것도 용납하지 않았습니다. 매월 생활비를 마련해야 하는 상황이라면서요.

　주식은 매달 이자를 주는 월이자 지급식 정기예금이 아닙니다. 주식은 본질적으로 매달 5%씩 수익을 낼 수가 없습니다. 주가는 대세 상승추세에서도 떨어지는 때가 있잖아요. 상승추세를 잘 타서 연 60%의 수익률을 냈다고 해도 그것이 매월 5%씩 상승하여 수익이 나는 것이 아니라는 말입니다. 6개월 동안 하락하다가 그 후 6개월간 상승하여 60% 될 수도 있고, 11개월 동안 오르지 않다가 마지막 한 달 만에 60% 상승할 수도 있습니다. 반면 6개월 동안 상승하다가 그 후 6개월은 하락하여 수익은커녕 손실이 날 수도 있습니다.

그 노신사는 제가 매월 5%씩 수익 낼 수 없다고 하자 자신이 직접 하겠다며 매일 저희지점 사이버룸에 와서 주식투자를 하였습니다. 하지만 결과는 어땠을까요? 1년 만에 원금의 80%가 날아갔습니다. 그뿐이 아닙니다. 투자손실로 인한 부부간 불화로 이혼까지 하게 되었습니다. 그 노신사가 잘못된 사람이라는 것을 지적하고자 함이 아닙니다. 투자는 자신의 투자성향에 맞게 투자하는 것이 바람직하다는 것을 말하기 위함입니다. 자신의 투자성향에 맞지 않는 투자를 하게 되면 큰 손해 뿐만 아니라 정신적인 고통 또한 클 수 있기 때문입니다. 금융투자회사에서도 손실이 가능한 금융투자상품을 투자권유 할 때는 반드시 고객의 투자성향을 파악하도록 하고 있습니다. 투자성향 파악을 위해 여러 설문에 답해야 하는 것을 번거로운 절차라고만 생각할 것이 아닙니다. 자신의 투자성향은 소액으로 종잣돈을 만들기 시작할 때부터 알아야 합니다.

내 몸에 맞는
100만원 월급세팅

딸 금융상품 중에는 안전한 것도 있지만 손실이 가능한 위험한 것도 있잖아요. 만약 매월 100만원씩 저축한다면 어떤 상품에 가입하는 것이 좋을까요?

아빠 사람의 입맛에 따라 선호하는 음식도 다르잖아. 너는 고기가 많은 음식을 좋아하지만, 아빠는 고기가 적은 음식을 좋아해. 그렇다면 음식을 좋아하는 기준은 고기의 양이라고 할 수 있어. 음식을 먹을 때 그 기준에 맞게 먹는 것이 만족스럽지. 만약 고기 좋아하는 너에게 매일 야채만 준다면? 야채가 아무리 신선하고 비타민이 풍부해도 넌 스트레스 받을 거야. 또 고기를 많이 먹지 않는 나에게 매일 삼겹살만 준다면? 삼겹살이 아무리 단백

질과 지방이 풍부해도 난 스트레스 받겠지. 고기나 야채가 나빠서가 아니라 내 입맛에 맞지 않기 때문이지.

투자를 할 때도 마찬가지야. 손실위험을 얼마나 감수할 수 있느냐를 알고 투자하는 것이 좋다는 것이지. 월급을 세팅할 때도 네가 손실위험을 얼마나 감수할 수 있느냐에 따라 포트폴리오를 달리해야 한다는 것이지. 예를 들어 원금보장을 중시하고 손실위험을 꺼려하는 사람도 있고, 고수익을 기대할 수 있다면 손실위험도 기꺼이 감수하는 사람이 있어. 100만원으로 어떤 상품에 가입하는 것이 좋을지를 고민한다면, 우선 너의 투자성향이 무엇인지를 알아야 해.

딸 저는 제 투자성향이 어떤 성향인지 잘 모르겠는데요. 어떻게 하면 제 투자성향을 알 수 있을까요?

아빠 네가 그동안 투자할 기회가 없었기 때문에 어쩌면 투자성향을 모르는 것이 당연해. 고기를 먹어보지 않은 사람은 고기가 자기 입맛에 맞는지 알 수 없는 것과 같지. 음식에 대한 취향을 '입맛'이라고 한다면, 투자에 대한 취향은 '투자성향'이라고 표현해. 사람마다 입맛이 다를 수 있는 것처럼 투자성향도 사람마다 다를 수 있어. 너의 투자성향을 파악하려면, 먼저 투자성향을 구분하는 기준을 알아야 해. 그 기준은 바로 '위험감수수준'이라고 할 수 있어. 좀 더 구체적으로 말하면 '손실에 대한 위험을 어느 정도까지 감수할 수 있느냐?'에 따라 투자성향이 결정된다는 것이지.

딸 투자성향을 구분하는 기준이 위험감수수준이라고 하셨는데요. 아직까지는 좀 막연해요. 투자성향에는 어떤 것들이 있나요?

아빠 투자성향은 위험 감수수준에 따라 위험회피형, 위험선호형, 위험중립형으로 나눌 수 있어. 위험회피형은 손실위험을 극도로 꺼려하는 사람이야. 손실이 나면 잠도 못 잘 정도로 스트레스 받는다면 위험회피형이라고 생각하면 돼. 반면에 위험선호형은 '뭐, 투자하다 보면 원금이 크게 깨질 수도 있지' 이렇게 생각하는 사람이라고 볼 수 있어. 그리고 위험중립형은 위험회피형과 위험선호형의 중간쯤 되는 유형이지. 손실비율로 표현한다면? 원금보장을 중시하나 어쩔 수 없이 손실이 나더라도 5% 미만의 아주 작은 손실만 감수할 수 있다면 '위험회피형', 원금보장에 집착하지 않고 10% 미만의 손실까지는 감수할 수 있다면 '위험중립형', 고수익이 가능한 경우 10% 초과 손실도 감수할 수 있다면 '위험선호형'이라고 보면 돼. 위험회피형은 5% 미만의 손실만 감

수하므로 목표수익률도 5% 미만으로 잡아야 하고, 위험중립형
은 10% 미만의 손실만 감수하므로 목표수익률도 10% 미만으로
잡아야 하고, 위험선호형은 10% 초과손실도 감수하므로 목표수
익률도 10% 이상 잡을 수 있다고 보면 돼.

투자성향에 따른 투자자의 유형 3가지

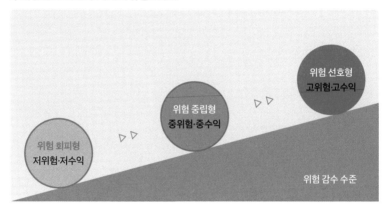

원금 깨지는 건
정말 싫어!

딸 저는 투자했는데 조금이라도 손해나면 화날 것 같아요. 나의 피땀과 같은 월급을 아끼고 아껴서 투자하는 것인데 손실이 나면 스트레스도 많이 받을 것 같고요. 저 같은 경우에 100만원으로 금융상품에 가입한다면 어떻게 포트폴리오를 짜는 것이 좋은가요?

아빠 약간의 손실에도 스트레스를 많이 받는다면, 넌 위험회피형 투자자라고 볼 수 있어. 무엇이든 첫 출발을 어떻게 하느냐가 중요해. 투자를 처음 할 때 중요한 것은 자산배분 비중과 목표수익률을 정하는 것이야. 그것이 바로 내 자산증식의 기준이 되기 때문이지. 위험회피형의 특징은 저위험·저수익이라고 할 수 있어. 즉, 손실위험을 적게 부담하기 때문에 수익도 적을 수밖에 없어. 위험회피형의 자산배분은 안전한 저축형상품에 90%, 위험하지만 고수익이 가능한 투자형상품에 10% 정도의 비중으로 설정하면 돼. 그리고 목표수익률은 5% 미만으로 설정해야 해. 저축형상품의 비중이 높기 때문에 목표수익률을 높게 잡을 수가 없어. 목표수익률은 최근 예금금리보다 약간 높게 잡으면 돼. 예를 들어 현재 시중 예금금리가 2% 라면 목표수익률은 2.5% 정도로 잡아야 한다는 거야.

위험회피형의 월급운용 가이드(예시)

자산 배분	목표 수익률	자산증식 포인트	관련 상품
저축형 상품 90% 투자형 상품 10%	목표 수익률 +5% 손실감수수준 -5%	지출 줄이기 추가 수입원 발굴 -투잡 -맞벌이 -창업 -자기개발 등	저축형 상품 절세형 상품 적립식 펀드

딸 위험회피형의 목표수익률은 너무 낮은 것 같아요. 저는 수익률이 높았으면 좋겠거든요. 저축할 돈도 적은데 수익률이라도 높아야 목돈 만들어서 집 살 수 있죠. 안 그래요? 손실위험이 적으면서 높은 수익이 나는 상품은 없나요?

아빠 그건 참 가당치도 않는 희망사항이다. 너의 질문은 '공부는 적게 해도 서울대 갈 수 있나요?' '축구연습 적게 해도 손흥민 같은 월클이 될 수 있나요?' 이렇게 묻는 것과 같아. 공부를 적게 하면 서울대 갈 수 없지. 축구연습을 적게 하면 손흥민 같은 선수가 될 수 없지. 마찬가지로 손실위험을 적게 부담하면 높은 수익을 기대할 수는 없는 거지. 그래서 위험회피형 투자자는 저위험을 추구하므로 저수익에 만족해야 하는 거지. 하지만 그렇다고 위험회피형 투자자가 다른 유형의 투자자보다 자산을 불리기 힘들다는 것을 의미하는 것은 아니야. 위험회피형도 위험선호형보다 더 많이 그리고 더 빨리 자산을 불릴 수도 있어.

딸 위험회피형도 자산을 빨리 불릴 수 있다구요? 고수익상품 비중이 적어 수익률이 낮은데 어떻게 더 빨리 자산을 불릴 수 있다는 거죠?

아빠 자산을 더 빠르게 더 많이 불리는 방법에는 여러 가지가 있기 때문이지. 자산증식 방법이 투자수익을 높이는 것만 있는 것은 아니라는 뜻이지. 위험회피형은 무조건 월수입 자체를 늘리는 쪽으로 올인하면 돼. 즉, 투자수익률에 의존하기보다는 열심히 벌어서 재산을 증식해야 한다는 것이지. 투자에서 손실위험을 감수하기 싫다면 자신이 할 수 있는 일에서 더 큰 수입을 올리면 되잖아. 직접 몸으로 뛰는 투잡, 맞벌이, 창업, 자기계발 등을 통해 소득 자체를 늘리는 방법이지. 네가 만약 위험회피형

에 가깝다면 이러한 제2의 수입을 늘리는데 노력해야 해. 그것이 위험회피형의 자산증식전략이라고 할 수 있지

딸 위험회피형 투자자가 빨리 집을 사기 위해 최대한 빨리 목돈을 만들고 싶은데 좋은 꿀팁이 있으면 좀 알려주세요.

아빠 네가 빨리 집을 사고 싶은 모양이구나. 그렇다면 위험회피형 투자자의 재테크전략을 가르쳐 줄게. 첫째, 무엇보다도 저축금액 자체를 높여야 해. 1년차에 매월 100만원씩 저축했다면 2년차에는 150만원, 3년차에는 200만원을 저축하는 거지. 어떻게 저축금액을 늘리냐구? 그 방법은 다양하지. 지출을 줄여서 늘릴 수도 있고, 몸값을 높여 연봉을 더 받아 늘릴 수도 있고, 투잡 등을 통하여 부가수입을 통해 늘릴 수도 있겠지. 아빠의 경우에는 투잡을 이용했어. 둘째, 최대한 절세상품을 활용해야 해. 절세상품은 세금을 내지 않거나 세금을 환급받는 혜택 등이 있으므로 일반상품보다 자산증식에 유리해. 셋째, 투자형상품에도 관심을 가져야 해. 고금리시대가 되지 않는 한 저축형상품으로 수익을 높이기는 어려운 상황이야. 지금은 '저축의 시대는 가고 이제 투자의 시대'라고 할 만큼 투자형상품이 일반화되고 있어. 따라서 어느 정도의 손실위험을 부담하더라도 고수익을 기대할 수 있는 상품도 경험해 보는 것이 현명해. 처음에는 소액으로 간접투

자상품인 펀드로 시작해 보고, 점차 자신이 생기면 주식투자도 해 보는 것이 좋다고 생각해. 물론 적극적으로 투자형상품의 비중을 높이라는 것이 아니니까 무리하지는 말고.

딸 위험회피형의 자산배분 비중은 저축형상품 90%, 투자형상품 10%라고 하셨는데, 매월 100만원으로 투자할 만한 상품에는 어떤 것들이 있나요?

아빠 저축형상품인 청약종합저축에 20만원, 연금저축에 10만원, 정기적금에 60만원 배분하고, 투자형상품인 주식형펀드에 10만원 투자하라고 권하고 싶다. 청약종합저축과 연금저축은 절세혜택이 있어 일반상품보다 실제수익이 높고, 정기적금은 손실가능성이 없으므로 안정적인 종잣돈 마련에 적합해. 그리고 주식형펀드는 손실가능성이 있지만 고수익을 기대할 수 있으므로 10% 비중 정도는 괜찮아. 이렇게 포트폴리오를 구성하면 주식형펀드(10만원)에서 50% 수익이 나는 경우 전체 포트폴리오(100만원) 수익률이 5%를 초과하게 돼. 그러면 위험회피형 투자자로서는 목표수익률을 초과달성 하는 셈이지. 반면 주식형펀드(10만원)에서 50% 손실이 난다 해도 전체 포트폴리오(100만원) 수익률에 −5%만 반영되므로 위험회피형 투자자가 감수할 수 있는 손실범위에서 벗어난다고 볼 수는 없지.

신입직원의 월 100만원 포트폴리오(예시) 위험회피형

죽을 때 죽더라도
크게 한번 먹고 싶어!

딸 빨리 집을 사고 싶은데 5% 정도의 수익률로는 안 될 것 같아요. 그리고 제가 지금 직장생활이 너무 바빠서 투잡과 같은 제2의 수입원을 만들기는 힘들고요. 저와 같은 투자초보도 고수익이 가능한 포트폴리오를 선택해도 될까요?

아빠 큰 폭의 손실이 날 수도 있다는 것을 기꺼이 감수할 수 있다면 고수익 포트폴리오도 가능해. 10% 이상의 손실이 발생할 수 있다는 것을 인지하고 이를 감수할 자신이 있다면 10% 이상의 고수익도 기대할 수 있는 상품으로 포트폴리오를 구성할 수 있어. 투자성향은 천성과 같이 태어날 때부터 정해진 것이 아니라 위험감수를 어느 정도까지 할 수 있느냐에 따라 바꿀 수도 있어. 또 투자시장이 상승추세냐 하락추세냐를 확인해 보면서 바꿀 수도 있는 거야. 네가 설령 투자초보라 해도 손실에 대하여 잠을 못 잘 정도의 스트레스를 받지 않을 자신이 있다면 10% 이상의 고수익을 추구하는 위험선호형 포트폴리오를 선택할 수 있다는 뜻이야.

위험선호형의 자산배분은 안전한 저축형상품에 10%, 위험하지만 고수익이 가능한 투자형상품에 90% 정도의 비중으로 설정하면 돼. 그리고 목표수익률은 10% 이상으로 설정하면 돼. 투자형상품의 비중이 높기 때문에 목표수익률을 높게 잡을 수가 있는 반면 10% 이상의 손실이 나더라도 기꺼이 감수할 수 있어야 해.

위험선호형의 월급운용 가이드(예시)

자산 배분	목표 수익률	자산증식 포인트	관련 상품
저축형 상품 10% 투자형 상품 90%	목표 수익률 +10% 손실감수수준 -10%	역발상 투자 다양한 경험과 지식 위험 관리	국내외 펀드 레버리지 ETF 인버스 ETF 비보장형 ELS 주식 ELW 주식관련 사채 파생상품 등

👧 위험선호형의 투자는 고수익도 가능하지만 큰 손실도 가

능하다는 것은 알겠는데요. 큰 손실을 막을 수 있는 방법은 전혀 없을까요?

아빠 위험선호형 투자자라고 해서 손실위험을 좋아하는 것은 아니지. 고수익을 추구하기 때문에 큰 손실위험의 가능성도 감당해야 된다는 것일뿐. 그래서 위험선호형 투자자는 역발상 투자를 하는 경우가 많아. 예를 들면 모든 사람이 주식을 투매하고 전문가들도 주식시장이 아주 오랫동안 침체될 것이라고 예견할 때부터 주식투자를 시작한다든지, 부동산시장이 얼어붙어 있는데 슬그머니 부동산에 투자하기 시작하는 식이지. 제아무리 투자의 전문가라 해도 큰 손실을 100% 막을 수는 없어. 손흥민이 최고의 월클이라도 모든 경기를 이길 수는 없잖아. 손흥민팀보다 상대편에 경험과 기술이 많은 선수들이 있다면 질 수도 있지. 또 손흥민이 경기하다가 다치게 되면 승리하기 힘들게 되잖아. 그렇지만 손흥민이 더 많은 경기경험과 기술을 연마하기 위해 노력하고, 경기 중에 다치지 않도록 조심한다면 패배 가능성은 낮아질거야. 마찬가지로 투자의 경우에도 다양한 투자경험과 지식을 쌓고, 위험관리를 철저히 한다면 손실 폭을 줄일 수는 있어. 그게 쉬운 일은 아니지. 그래도 너라면 노력해 볼 만해. 그런 도전과 노력이 손실 가능성을 줄여 줄 테니까. 또 그러한 손실위험을 피하기만 하면 향후에도 고수익을 기대할 가능성은 없어질 테니까 실패를 하더라도 좋은 경험을 쌓는 기회가 될거야.

딸 위험선호형의 자산배분 비중은 투자형상품 90%, 저축형상품 10%라고 하셨는데, 매월 100만원으로 투자할 만한 상품에는 어떤 것들이 있나요?

아빠 투자형상품인 주식형펀드 중심으로 배분하는 것이 좋을 것 같아. 주식시장이 단기적으로는 등락이 심하지만 장기적으로는 상승해. 넌 젊으니까 장기적인 관점에서 주식관련 상품에 투자해도 된다고 생각해. 다만, 처음에는 직접 주식에 투자하는 것보다는 간접투자방식인 펀드에 투자하는 것이 바람직하다고 생각해. 구체적으로는 투자형상품에 해당하는 가치주펀드에 30만원, 성장주펀드에 30만원, 배당주펀드에 30만원 투자하고, 저축형상품에 해당하는 정기적금에 10만원 저축하라고 권하고 싶다.

통상 펀드는 펀드매니저가 운용해 주니까 네가 직접 주식에 투자하는 것보다 덜 위험하고, 주식시장이 좋으면 고수익을 기대할 수 있지. 또 일정금액 이하의 주식매매차익에 대하여 비과세되므로 절세효과도 있어. 그리고 정기적금은 수익률은 낮지만 원금이 보장되는 안전한 상품이므로 10% 비중으로 저축하면 급할 때 비상자금으로 활용할 수 있어.

주식형펀드를 성격이 다른 3가지(가치주펀드, 성장주펀드, 배당주펀드)로 나누어 투자한 이유는 1개 펀드에 올인 한 것보다 위험을 줄일 수 있기 때문이야. 그리고 다양한 펀드 투자 경험을 쌓아서 향후 투자에도 도움을 주기 위해서야. 처음에는 펀드 중심으로 투자하다가 투자경험과 지식이 쌓이면 직접 주식투자에 도전해 보는 것도 괜찮아.

신입직원의 월 100만원 포트폴리오[예시] 위험선호형

도대체 잘 모르겠다면?

딸 투자성향에 대한 설명을 들어보니 그동안 몰랐던 것을 알게 되어 좋은데요. 여전히 나의 투자성향이 어떤 것인지 확실한 판단이 서지 않아요. 손실을 싫어하는 것을 보면 위험회피형인 것 같기도 하고, 고수익을 좋아하는 것을 보면 위험선호형 같기도 하고요.

아빠 넌 투자에 대한 경험이 없으니 투자성향에 대한 판단도 쉽지 않을 거야. 아빠가 금융회사에서 근무할 때도 대부분의 고객이 자신의 투자성향을 몰랐어. 너의 투자성향이 무엇인지 명확한 판단이 서지 않는다면 위험중립형 투자방식을 고려해 볼만하다고 생각해.

딸 위험중립형이요? 위험중립형 투자자는 어떻게 투자하나요?

아빠 예금이자 정도의 작은 수익으로는 만족하지 못한다면 일단 위험중립형이라고 생각해도 돼. 위험중립형 투자자라면 저축형상품과 투자형상품을 각각 반반씩 나누어 투자하는 방법이 좋다고 생각해. 위험회피형보다는 높은 수익을 추구할 수 있고, 위험선호형보다는 손실가능성이 적고 시장상황에 따라 적절하게 대응할 수 있거든.

딸 저도 예금이자 수준의 작은 수익은 싫은데요. 만약 제가 위험중립형에 해당되어 예금이자보다는 높은 수익을 얻으려면 어떤 상품에 가입하는 것이 좋은가요?

아빠 위험중립형의 경우 저축형상품에 50%, 투자형상품에 50% 배분하고, 목표수익률은 5~10% 정도 잡아도 돼. 반면 -5~-10% 정도의 손실도 감수해야 하지. 저축형상품과 투자형상품의 비중이 같아서 큰 손실가능성도 없고, 지나치게 낮은 수익도 아닌 '중위험중수익'을 추구하는 것이라고 볼 수 있어. 위험중립형의 자산증식 포인트는 성공투자 3원칙을 잘 지키는 것이라고 할 수 있어.

위험중립형의 월급운용 가이드(예시)

자산 배분	목표 수익률	자산증식 포인트	관련 상품
저축형 상품 50% 투자형 상품 50%	목표 수익률 5~10% 손실감수수준 -5~-10%	분산 투자 분할 투자 장기 투자	주식형 펀드 혼합형 펀드 ETF 부분보장형 ELS 공모주 투자 배당주 투자

딸 성공투자 3원칙? 그게 뭔가요? 저도 성공투자 하고 싶어요!

아빠 좋은 대학에 들어가려면, 좋은 공부습관을 지키는 것이 기본이라고 할 수 있을 거야. 공부를 하지 않는 사람이 좋은 대학에 들어갈 수는 없을 거야. 또 공부를 하더라도 공부습관이 나쁘다면(ex 벼락치기 공부) 좋은 대학에 들어가기 힘들어. 투자도 마찬가지야. 좋은 투자습관을 지켜야 성공할 수 있어. 좋은 투자습관을 갖기 위해서는 딱 3가지 원칙만 지키면 돼. 그건 바로 분산투자원칙, 분할투자원칙, 장기투자원칙이야.

딸 그 정도는 저도 많이 들어서 알아요. 성공투자 3원칙이라고 해서 뭔가 특별한 것인 줄 알았는데… 그저 뻔한 원칙 아닌가 하는 생각이 드는데요. 마치 서울대 수석합격자에게 '1등 비결이 무엇이냐?'는 질문에 '교과서 중심으로 기본에 충실하고, 흔들림 없이 꾸준히 공부했다'는 답변을 듣는 느낌이에요.

아빠 아빠도 한때 너처럼 생각한 적이 있었는데 지금은 그리 생각하지 않아. '아는 것'이 중요한 게 아니라 '하는 것'이 중요하거든! 머리가 아주 뛰어난 학생이 학업에 충실하고, 꾸준하게 공부하면 서울대 갈 수 있을 것이라는 것을 알아. 그런데 난 못 갔지. 왜? 하지 않았거든. 기본에 충실하지 않고, 출제예상문제 그런 것만 공부했어. 꾸준히 공부하지 않고 잡생각이 많았고, 벼락치기 공부습관에 젖어있었어. 그러다 보니 시험 보고 나면 공부한 것도 금방 까먹어버렸지. 투자도 마찬가지야. 성공투자3원칙을 아는 사람이 많아. 그런데 성공투자3원칙인 분산투자·분할투자·장기투자를 실제로 실천하는 사람은 거의 없어. 아빠가 금융회사에 근무하면서 실패한 투자자들을 많이 접했어. 그들을 만나 얘기해보면 아는 것이 굉장히 많아. 내 고객이었던 K씨는 금융회사에서 일하고 있는 나보다 더 많이 알아. 그런데 그분이 투자로 3억원 정도 날렸어. 솔직히 아빠도 금융회사에서 오래 일했지만 투자로 손해 본 경우가 많아. K씨나 아빠나 모두 투자에 대하여 아는 것은 많았는데 원칙대로 실천하지 않았기 때문이지. 여러 상품에 분산투자가 원칙이라는 것을 알면서도 주식 한 종목에 집중 투자했었지. 목돈을 한 번에 몰빵 투자하는 것보다 분할하여 투자하는 방식이 좋다는 것을 알면서도 대형호재가 있다는 특정주식 한종목에 몰빵 투자했었지. 장기투자해야 높은 수익을 기대할 수 있다는 것을 알면서도 몇 달 안에 대박이 날 것이라 확신했었지. 결국 알기만 할뿐 안 것을 실천하지 않은 K씨와 나는 큰 손해를 봤어.

네가 성공투자3원칙을 알고 있다면서 뻔한 원칙 아니냐고 했는데, 아빠는 네게 이렇게 묻고 싶다. 그 뻔한 원칙 한번이라도 실천해 보았냐고. 아는 게 중요한 게 아냐. 아는 것을 원칙대로 행하는 것이 중요한 것이지. 아빠는 '아는' 것이 힘이 아니라 '하는' 것이 힘이라고 생각해.

딸 앗! 그러고 보니 저도 아는 것을 실제로 행하지 않아서 못하는 것이 많이 있는 것 같아요. 책 속에 길이 있다는 것을 알면서도 책을 안 읽고, 운동해야 건강해진다는 것을 알면서도 차일피일 미루기만 하고… 이제부터라도 아는 것을 제대로 실천하는 사람이 되어야겠어요. 성공투자 3원칙도 말만 들어봤지 실제 구체적인 내용은 모르는 것 같아요. 물론 실행한 적도 없구요. 성공투자 3원칙을 실행하려면 어떻게 해야 할까요?

아빠 좋은 질문이다. 첫째, 분산투자원칙! 여러 상품에 나누어 가입해야 한다는 것. "계란을 한 바구니에 담지 말라"라는 격언의 의미와 일맥상통한다. 하나의 상품에만 투자한 경우 그 상품이 잘못되면 큰 손실이 날 수 있어. 하지만 4개의 상품에 나누어 투자한다면 어느 하나의 상품이 손실 나더라도 나머지 3개의 상품에서 손실이 나지 않거나 이익이 나면 전체적으로는 큰 손실이 없게 만들 수 있다는 것이지. 너의 경우에도 4~5개 정도의 상품에 나누어 투자하는 것이 좋다고 생각해. 아빠 고객 중에 분산투자한다며 무려 43개 상품에 나누어 투자하신 분이 있었는데 분산투자 상품이 너무 많으면 관리하기가 힘들어. 처음에는 5개 상품 이하로 하는 것이 좋을 것 같아.

둘째, 분할투자원칙! 투자금액을 나누어야 투자해야 한다. 특히 투자형상품에 대한 투자는 한꺼번에 투자하지 않고 투자금액과 시점을 나눔으로써 손실위험을 줄이는 것이 좋아. 예를 든다면 4개의 상품에 분산투자한다면 각 상품마다 매월 25만원씩 나누어 투자하는 방식이지. 이렇게 하면 시장이 하락하더라도 평균매입단가가 낮아져 싸게 하는 효과가 있어. 상품의 만기도 나누는 것이 좋아. 투자기간을 1년, 3년, 5년, 7년, 30년 등 상품마다 다르게 분산함으로써 재무계획에 따른 목돈을 손실 없이 현금화할 수 있게 만드는 게 효율적이야. 예상치 않았던 긴급자금이 필요할 때도 이렇게 기간을 분산해놓으면 모든 투자액을 중도

해지할 필요가 없거든.

셋째, 장기투자원칙! 투자의 귀재 워런버핏 옹께서도 장기투자해서 큰 수익을 올렸어. 반면 단기투자하는 대부분의 데이트레이더들은 수익은커녕 원금만 깨먹는 경우가 많아. 아무래도 단기투자하는 경우 시장의 등락에 따른 투자타이밍을 잘못 잡으면 큰 손해가 날 수도 있고, 거래세· 수수료 등 비용도 많아지거든. 너도 워런버핏 옹처럼 오래 투자해서 큰 수익 나는 투자자가 되길 빌어.

딸 성공투자원칙! 그냥 아는데 그치지 않고, 실천해야겠네요. 투자성향에 대한 아빠의 말씀을 모두 듣고 나니 저는 위험중립형에 좀 더 가까운 것 같은데요. 제가 월 100만원의 여유자금이 있다면 어떻게 투자하는 것이 좋을까요?

아빠 약간의 위험을 감수하면서 예금금리 이상의 수익을 추구하므로 일단 저축형상품에 50만원, 투자형상품에 50만원 배분해야겠지. 저축형상품의 경우 매월 정기적금에 30만원, 청약저축에 20만원 저축하여 안정적인 수익을 확보하거라. ISA개인종합자산관리계좌를 통하여 정기적금을 가입하면 비과세 혜택이 있고, 청약종합저축의 경우 청년우대형으로 가입하면 추가이자를 받을 수 있고, 월 20만원씩 납입하는 경우 소득공제효과가 높아. 투자형 상품의 경우 연금펀드(주식형)에 매월 10만원, 일반 주식형펀드에 40만원씩 납입하여 고수익 기반을 만들어 놓아야 해. 연금펀드(주식형)은 세액공제혜택이 있고, 주식형펀드도 주식매매차익에 대하여 비과세 하므로 절세효과가 크다고 볼 수 있어. 주의할 점은 청약종합저축은 내집 마련 할때까지, 연금펀드는 장래에 연금을 모두 탈 때까지 해약하지 않아야 한다는 점이야. 이들 상품은 중도해약 시 높은 세율로 세금을 추징하기 때문이지.

신입직원의 월 100만원 포트폴리오(예시) 위험중립형

딸 제 생각에는 투자성향이 어떻든 수익을 잘 내는 상품을 선택하면 될 것 같기도 한데요. 반드시 투자성향에 맞는 자산배분을 해야 하나요?

아빠 자신의 투자성향이 무엇이냐도 중요하지만, 더 중요한

직장인도 부자가 될 수 있는 월급세팅법

것은 그 투자성향에 맞는 목표수익률과 자산배분이라고 할 수 있단다. 대기업에서 일하다 퇴직한 L씨는 원금손실을 지극히 싫어하는 분인데, 주식에 퇴직금의 90%를 투자했어. 퇴직으로 월급이 없어진 L씨가 주식투자로 생활비를 벌려고 했거든. 투자성향은 위험회피형인데, 투자는 위험선호형처럼 한 것이지. 음식 취향이 야채를 좋아하는 사람인데, 영양가 좋다고 억지로 고기를 먹은 것과 같아. 이런 투자는 실패하기 십상이야. 위험회피형인 L씨는 주식투자에서 손실이 나자 엄청난 스트레스 받았어. 생활비를 벌기는커녕 노후자금인 퇴직금이 주식투자로 쪽박이 되었거든. 음식취향이 채식형이라면 고기보다 야채비중이 많은 식단이 좋고, 육식형이라면 야채보다 고기비중이 많은 식단이 좋을거야. 마찬가지로 투자성향이 위험회피형이라면 투자는 원금손실위험이 적은 저축성상품 중심으로 해야 해. 반면 위험선호형이라면 고수익이 가능한 투자형상품 중심으로 하는 것이 적합하다고 할 수 있지. 음식도 입맛에 맞는 음식을 선택하는 것이 만족스럽듯이 투자도 투자성향에 맞는 상품을 선택하는 것이 바람직해. 가장 좋지 않은 선택은 투자성향이 위험회피형이면서 실제투자는 위험선호형처럼 하는 거야. 쉽게 말하자면 마음은 원금보장을 중시하면서 실제 투자는 주식과 같은 고위험상품에 투자하는 것이지. 이런 투자는 절대 금지야!

투자성향별 투자가이드(예시)

구분	위험회피형	위험중립형	위험선호형
특징	·보수적 투자자 (5% 미만 손실 감수)	·중립적 투자자 (5~10% 손실 감수)	·공격적 투자자 (10% 초과 손실도 감수)
목표 수익률	· 5% 미만	·5~10%	·10% 이상
자산배분	·저축형상품 90% ·투자형상품 10%	·저축형상품 50% · 투자형상품 50%	·저축형상품 10% ·투자형상품 90%
장점	·안정성이 높다	·안정성·수익성의 균형	·수익성 높다
단점	·수익성이 낮다	·일정폭의 손실가능성	·안정성 낮다
운용전략	·투잡(Two job), 맞벌이 ·창업 ·자기계발 등	·분산투자 ·분할투자 ·장기투자	·역발상 투자 ·다양한 경험과 지식 ·위험관리

딸 투자성향에 맞지 않는 투자를 한다는 것은 입맛에 맞지 않는 음식을 먹는 것과 같다고 생각하니 이해가 쉽게 되는 것 같아요. 그런데 위험회피형이라도 손실을 감수할 수 있다는 마음을 가지면 투자성향을 바꿀 수 있나요?

아빠 당연하지. 사람의 천성은 바꿀 수 없지만, 투자성향은 손실감수수준을 부담하는 정도에 따라 얼마든지 바꿀 수 있단다. 예를 들면 위험회피형이었던 사람이라도 10% 이상의 손실을 감수하겠다고 마음먹었다면 위험선호형으로 바꿀 수 있어. 종잣돈을 좀 더 빨리 모으고자 하는 분들이 이런 선택을 하지. 또 위험선호형이었던 사람이라도 더 이상 손실이 나지 않도록 하겠다고 마음 먹었다면 위험회피형으로 바꿀 수 있다. 예를 들어 위험선호형이었던 분이 1억원의 자산을 100억원으로 불린 경우, 더 큰 수익보다는 100억원을 안전하게 지키기 위하여 위험회피형으로 전환할 수 있다는 것이지. 너의 경우도 지금 위험중립형이라도 좀 더 빨리 자산을 불리기 위해 위험선호형으로 바꿀 수도 있고, 원금이 깨지는 것이 싫으면 위험회피형으로 바꿀 수도 있다는 것이지. 또 시장상황에 따라 투자성향을 바꿀 수도 있어. 예를 들면 주식시장이 상승할 때는 위험중립형 투자에서 위험선호형 투자로 바꿀 수도 있고, 주식시장이 하락할 때는 위험선호형 투자에서 위험회피형 투자로 바꾸는 것이 적절하다고 볼 수 있지. 그렇다고 투자성향을 기준도 없이 자주 바꾸는 것은 좋지 않아. 시장상황이나 자신의 여건에 비추어볼 때 투자성향을 바꾸는 것이 유리할 때만 바꾸어야 해.

딸 자신의 투자성향이 무엇인지를 아는 것, 그리고 투자성향에 맞는 목표수익률과 자산배분을 해야 한다는 것이 왜 중요한지를 알게 된 것 같아요. 저의 투자성향은 위험중립형에 가장 가까운 것 같아요. 그래서 적금과 펀드에 각각 반반씩 넣어야겠어요.

Chapter 02

종잣돈을
제대로 불리는 방법

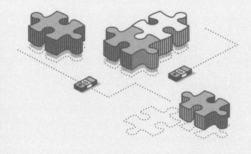

다시는 주식투자를 하지 않겠다!

추락하는 것에는 날개가 있다지만 폭락하는 증시에는 날개가 없습니다. 2020년 3월 코로나19 팬데믹 위기로 전 세계 증시가 폭락하자 그 손실은 고스란히 주식투자자들에게 안겨졌습니다. 금액이 작으면 그나마 다행이지만 크게 손실이 난 사람들은 지푸라기라도 잡고 싶은 심정이었을 것입니다. P씨 또한 큰 손실을 보고 금융회사 직원의 추천 상품에 치를 떨고 있었지요. 그는 2020년 1월, 큰 수익을 낼 수 있을 것이라는 금융회사 직원의 말을 믿고 증권에 투자했다가 큰 손실을 보았습니다. 증시가 단기에 10% 급락하여 코스피지수 2,000포인트가 무너졌을 때 금융회사 직원을 찾아가 주식과 펀드의 매도를 요청했으나 세 번이나 그냥 돌아왔다고 합니다. 그 직원의 전망을 듣고 나면 손절매보다는 유지해야겠다는 쪽으로 생각이 바뀌고 말았다고 하네요. 하지만 코스피는 갈수록 더 큰 폭으로 하락했고 손실도 점점 커졌습니다. 참다못한 P씨는 코스피 1,500포인트가 무너지자 모든 주식과 펀드를 팔아버렸습니다. 그리고 "다시는 증권 투자를 하지 않겠다"고 분을 토했습니다. 그에게는 더 이상 믿을 만한 사람도 없고 더 이상 믿을 만한 상품도 없다고 생각했지요. 하지만 1년 후인 2021년 6월 코스피는 3,316p까지 상승했습니다.

시장이 하락할 때 금융회사는 고객의 돈이 빠져나가는 것이 두렵습니다. 일단 빠져나가면 다시 들어오기가 쉽지 않다는 것을 잘 알기 때문이지요. 고객을 관리하는 담당 직원도 마찬가지입니다. 관리 고객의 자금이 빠져나갈수록 자신의 실적에 치명타를 입게 되고, 실적 부담은 고스란히 인센티브나 인사에도 영향을 끼치게 되지요. 그래서일까요? 아무리 고객이 손해를 봐도 금융회사 직원은 장기투자로 유도하거나 또 다른 유망종목을 소개하는 데 집중하게 됩니다. 그리고 지식도 부족하고 경험도 부족한 개인투자자는 그들의 말을 따를 수밖에 없지요. 특별한 대안이 있는 것도 아니고 손해를 조금이라도 회복하고자 하는 간절함 때문입니다. 그런데도 손실이 커지면 불신도 커집니다. 그래서 더 이상은 믿지 않겠다고 결심하게 되지요. 하지만 시간이 흐르면 또 그들을 찾아갑니다. 특별한 대안이 없기 때문이죠. 그리고

다시 '실패 → 성공 → 맹신 → 실패 → 불신'의 악순환이 되풀이
됩니다. 언제까지 이런 악순환을 되풀이할 것입니까?

모이면 다들 주식얘기, 나도 해야 하나?

아들 최근 주식투자하는 친구들이 많아졌는데요. 저도 한번 하고 싶은데 목돈이 한꺼번에 크게 깨질까봐 무섭기도 해요. 그래도 다들 하니까 해야 될까요?

아빠 네가 만약 서울에서 부산으로 여행한다고 생각해보자. 방법은 2가지가 있다. 하나는 인도로 걸어가는 방법이 있고, 또 다른 하나는 고속도로로 자동차를 타고 가는 방법이 있어. 넌 어떤 것을 선택할래?

아들 당연히 고속도로로 자동차 타고 가겠죠. 걸어서 어느 세월에 부산까지 가겠어요? 걸어서 부산까지 간다는 것은 생각만

해도 끔찍한데요.

아빠 고속도로에서 자동차를 타고 가는 경우에는 교통사고로 죽을 수도 있지만, 인도로 걸어가면 최소한 교통사고 날 위험이 없잖아. 넌 고속도로에서 교통사고 나면 죽을 수 있다는 걸 알면서도 자동차로 가는 방법을 선택하겠다는 거야?

아들 네! 그래도 자동차로 가고 싶은데요. 다들 그렇게 여행하잖아요.

아빠 그렇지! 교통사고로 죽을 수도 있는 자동차 여행은 한다고 하면서, 기껏 손해 좀 볼 수 있는 주식투자가 뭐가 무섭다고 못하냐? 저축은 걸어서 부산가는 것과 같아. 그래서 교통사고와 같은 위험은 없지만 목표에 도달하는 데 아주 오래 걸리지. 반면 주식투자는 자동차 타고 부산가는 것과 같아. 그래서 교통사고와 같은 위험이 있을 수 있지만 빨리 목표에 도달할 수 있게 되지.

아들 아빠 말씀 듣고 보니 그러긴 한데… 그래도 저는 주식투자는 왠지 두려워요.

아빠 네가 교통사고로 죽을 수도 있는 자동차 여행을 선택할 수 있는 것은 바로 자동차를 타고 가도 교통사고확률이 그리 높지 않다는 것을 알기 때문이지. 자동차 타고 갈 때 생길 수 있는 위험을 줄이기 위해 안전장치가 많아. 그러한 안전장치를 믿기 때문에 자동차를 운전하다 죽을 수 있다는 것을 알고 있으면서도 아무런 거리낌 없이 할 수 있는 거지.

주식투자도 마찬가지야. 자동차 여행 시 생길 수 있는 교통사고 위험과 같이 큰 손실위험이 발생할 수 있는 것이 주식투자야. 교통사고 위험을 줄일 수 있는 안전장치가 있으면 두려움 없이 자동차를 탈 수 있듯이 주식투자도 안전장치만 마련하면 기꺼이 할 수 있는 것이지.

아들 주식투자를 하더라도 안전장치만 잘 갖추면 걱정할 것이 없다는 것이네요. 주식투자의 안전장치는 누가 만들어주죠?

아빠 그전에 주식투자의 위험이 무엇인지 알아야 해. 위험을 알아야 위험을 해결할 수 있는 안전장치를 만들 수 있는 것이잖아.

아들 주식투자의 위험이란 것은 손해 보는 것 아닌가요?

아빠 그래. 그런데 그 손해를 발생시키는 위험, 다시 말하면 주가를 떨어뜨리는 위험에는 2가지가 있어. 그 주범은 바로 개별위험과 시장위험이야. 이놈들이 주가를 떨어뜨리는 주범이야. 요놈들만 제대로 잡으면 주식투자로 큰 수익 내는 것은 시간문제라고 할 수 있지!

주가를 떨어뜨리는
두 놈만 잡을 수 있다면?

애인과 함께 자동차를 타고 서울에서 강릉을 거쳐 동해로, 부산을 지나 남해로, 목포를 거쳐 서해로 갔다가 서울로 오는 6박 7일 여행을 한다고 가정해 보자구요. 생각만 해도 행복합니다. 그런데 걱정이 있습니다. 나는 초보운전자이고 내 애인은 무면허로 운전을 못합니다. 내가 여행 중에 운전을 잘할 수 있을지 걱정입니다. 혹시 사고가 나면 어떻게 대응해야 할지 모르겠습니다. 생각하기 싫지만, 사고로 다치거나 죽을 수도 있다는 상상만으로도 끔찍합니다.

자동차를 타고 여행할 때 두 가지 위험만 없으면 사고 없이 즐겁고 행복한 여행이 될 수 있습니다. 두 가지 위험이란 바로 '내부위험'과 '외부위험'입니다. 먼저 내부위험에는 어떤 것이 있을까요? 내부위험은 자동차 자체와 그 안에 타고 있는 사람에 의해 일어나는 위험입니다. 예를 들어 브레이크에 문제가 있다거나 타이어에 펑크가 나는 등의 차량 결함으로 인한 위험, 교통신호 미준수나 과속, 음주운전이나 무면허운전 등과 같이 운전자 및 동승자의 부주의로 인한 위험이 내부위험에 속합니다. 이러한 내부위험은 통제만 잘하면 어느 정도 막을 수 있습니다. 차량을 운행하기 전에 꼼꼼히 점검하고, 문제가 있으면 사전에 차량을 정비하면 됩니다. 또 운전자는 교통법규를 잘 지키며 운전하고, 운전 중에는 허튼짓을 하지 않고 운전에만 집중하면 되겠지요. 동승자도 운전자가 졸지 않도록 도와야 하고, 운전에 방해가 되는 행동을 하지 않는 것이 좋습니다. 이러한 노력을 통해 내부위험을 상당부분 줄일 수는 있습니다.

그렇다면 내부위험을 모두 막으면 사고가 안 날까요? 그렇지 않습니다. 내부위험이 전혀 없어도 사고가 일어날 수 있습니다. 교통사고는 차 안뿐만 아니라 차 밖에서 일어나는 돌발 상황 때문에 일어나는 사고도 많기 때문입니다. 그것은 바로 외부위험 때문입니다. 외부위험은 말 그대로 차 밖에서 일어나는 위험을 말합니다. 예를 들어 다른 차가 내 차를 들이박는다든지, 눈이나 비 때문에 내 차가 경사면으로 미끄러져 사고가 난다든지, 운행

중 갑자기 사람이 뛰어드는 경우 등이 외부위험입니다. 이러한 외부위험은 내부위험과는 달리 예측하기가 어렵습니다. 내부위험은 내가 조심하면 어느 정도 막을 수 있지만 외부위험은 내가 통제할 수 없는 것으로 인해 발생하기 때문입니다.

그렇다면 외부위험을 줄이기 위해서는 어떻게 해야 할까요? 외부위험은 내가 통제할 수도 없고, 그 가짓수 또한 무수히 많기 때문에 모두 조사하고 대비하기란 불가능합니다. 이럴 때 해답은 심플합니다. 원칙에 충실하는 것입니다. 다른 차가 내 차에 돌진할 것에 대비하여 방어운전을 하고, 눈이나 기상이 안 좋을 때는 자동차가 아닌 기차를 이용하면 되죠. 이처럼 상식적이고, 당연한 원칙들을 지킨다면 외부위험을 줄일 수 있습니다. 물론 내부위험을 관리하지 않아도, 외부위험에 대비하지 않아도 운 좋게 사고 없이 여행할 수 있을 수도 있어요. 그러나 여행의 시간이 오래 지속된다면 사고 날 확률은 높아질 것입니다.

당신은 행복한 여행을 위해 내부위험과 외부위험의 발생 가능성을 줄일 것입니까?? 아니면 내부위험이든 외부위험이든 모두 무시하고 그냥 운運에 맡길 것입니까?

지금까지 얘기한 자동차 여행에서 일어날 수 있는 내부위험과 외부위험에 관한 내용은 주식투자를 할 때 일어나는 위험 상황과 완전히 일치합니다. 주식투자를 처음 할 때는 마치 초보운전자가 장거리 여행하는 것과 같지요. 코로나19로 인한 팬데믹 이후 동학개미운동으로 초보투자자들이 급증했습니다. 문제는 주식투자를 하겠다면서 주식에 대해서는 완전 초보라는 것입니다. 2020년에는 운 좋게도 초보투자자도 주식투자로 큰 수익을 챙겼습니다. 초보투자자의 실력이 뛰어나서 수익이 좋은 게 아니라 주식투자 시 발생할 수 있는 두 가지 위험이 초보투자자에게 발생하지 않았기 때문입니다. 운이 좋았던 것이죠. 초보투자자가 2020년 주식투자로 큰 수익을 냈다고 해서 앞으로도 그 수익행진이 계속될 것이라 생각한다면 큰 오산입니다. 초보임에도 2020년 상승장에서 큰 수익을 얻었다면 그저 감사하게 생각하고 지금부터라도 주식공부를 해서 두 가지 위험에 대비할 수 있어야 합니다.

주가를 떨어뜨리는 것은 딱 두 가지뿐입니다. 고로 이것만 잘 관리하면 주식투자를 정말 편안하게 할 수 있고, 수익도 잘 낼 수 있습니다. 주가를 떨어뜨리는 두 가지 주범은 바로 '개별위험'과 '시장위험'이라는 녀석입니다. 자동차 여행의 내부위험이 개별위험에 해당하고, 외부위험은 시장위험에 해당한다고 보면 됩니다. 이 두 놈만 잡으면 주식투자의 수익은 따 놓은 당상입니다.

이 두 가지 위험을 100% 제거하는 것은 불가능하지만 내가 통제할 수 있을 만큼 줄이는 것은 가능합니다. 자동차 교통사고위험을 100% 제거할 수는 없습니다. 내부위험과 외부위험 때문이지요. 하지만 사전 차량점검 및 보험 가입 등으로 사고를 미연에 방지하거나 사고나 나더라도 그 피해를 줄일 수 있는 것과 같은 이치입니다. 따라서 당신이 주식투자로 성공하고 싶다면 개별위험과 시장위험을 줄이는 방법에 대해 반드시 알아야 합니다.

개별위험과 시장위험이라는 말이 생소하겠지만 일단 그 의미는 알고 있어야 합니다. 먼저 개별위험에 대해서 알아보겠습니다. A회사의 대표가 회삿돈 100억 원을 횡령한 사실이 알려지면서 A회사의 주가가 떨어졌습니다. A회사의 주가는 왜 떨어졌을까요? A회사 대표가 횡령한 회삿돈 100억 원으로 인하여 회사의 이익이 100억 원 감소해서 회사의 가치가 떨어졌기 때문입니다. 이처럼 회사 내부요인으로 인한 주가하락 위험을 개별위험(내부위험)이라고 합니다.

반면 2020년 코로나19로 인한 팬데믹 상황은 주식시장에 상장된 모든 회사의 주가를 큰 폭으로 떨어뜨렸습니다. B회사는 팬데믹 시점에 특별한 개별위험(내부위험)이 없었는데도 불구하고 주가가 큰 폭으로 빠졌지요. 이처럼 B회사 내부요인이 아니라 시장

전체에 영향을 미치는 외부요인으로 인한 주가하락 위험을 시장
위험(외부위험)이라고 합니다.

'위험관리가 곧
수익관리'라는 명제.

아들 위험을 100% 막을 수 있으면 좋을텐데 그건 희망사항일 뿐이군요. 그렇다면 주식투자에서 손해 발생시키는 위험을 줄이려면 어떻게 해야 하죠?

아빠 먼저 개별위험부터 알려줄게. 예를 들면 A회사에 불이났어. 이것은 A회사의 내부요인이니까 개별위험이라 할 수 있지. A회사에 불이 나면 A회사의 주가만 떨어질 뿐, A회사와 관련이 없는 B회사, C회사, D회사 등의 주가는 떨어지지는 않아. 이처럼 어떤 특정 1개 회사에만 관련된 위험이 개별위험이야. (반면 시장위험은 글로벌 금융위기와 같은 상황이 벌어졌을 때처럼 A회사, B회사, C회사, D회사 등 모든 회사의 주가를 떨어뜨리는 위험이지). 개별위험의 내용은 각기 다를 수 있지만, 모두 회사 내부의 문제라는 점에서 모두 같아. 내가 어떤 주식에 투자할 당시에는 개별위험이 없었더라도 투자 후 어느 순간 개별위험이 발생하게 되면 주가가 떨어지게 되지. 그래서 투자 당시 회사의 재무구조나 전망에 대하여 철저히 분석하고 투자했다고 해도 예상치 못한 개별위험 때문에 주가가 폭락 할 수도 있어.

그렇다면 개별위험으로 인한 투자 손실을 피할 수는 없을까? 100% 완벽하게 막을 수 있는 방법은 없어. 마치 자동차 운전자가 자동차 고장 등 내부문제를 아무리 점검해도 사고확률을 100% 막을 수 없는 것과 같지. 그러나 개별위험을 줄이는 방법은 있어. 바로 주식에 투자할 때 '분산투자'방식을 선택하면 돼. 주식투자할 때 한 종목만 투자하지 않고 여러 종목에 나누어 투자하는 것이지. 주식투자의 경우 분산투자만 잘해도 큰 손실이 날 확률은 매우 크게 줄어들어. '계란을 한 바구니에 담지 마라!'라는 투자격언이 있어. 계란 400개를 운반할 때 한 바구니에 모두 넣어 운반하다가 바구니가 떨어지면 모든 계란이 깨질 수 있어. 하지만 4개의 바구니에 100개씩 나누어 운반하면 하나의 바구니가 떨어져 계란 100개가 깨지더라도 다른 바구니의 계란 300개는 깨지지 않기 때문에 손실을 줄일 수 있다는 의미야. 이와 마찬가지로 400만원으로 주식에 투자할 때도 1종목에 400만원 몰빵하지 않는 거야. 4종목에 각각 100만원씩 투자하면 어느 한 종목에서 크게 손실이 나더라도 나머지 3종목은 큰 손실이 없거나 수익이 나는 것도 있기 때문에 투자손실을 줄일 수 있다는 것이지.

아들 개별위험뿐만 아니라 시장위험도 주가를 떨어뜨리는 주범이라고 했는데요. 그럼 시장위험을 줄이려면 어떻게 해야 하나요?

아빠 시장위험을 발생시키는 것에는 금리, 환율, 원자재, 글로벌 위기, 전쟁 등이 있어. 이러한 것들은 전체 주식시장에 영향을 미치기 때문이지. 예를 들어 금융위기로 환율이 급등하자 어제 내가 매수한 A회사 주식이 10% 급락했다고 하자. 하루 만에 10% 손실이 난 셈이지. 그런데 사실 A회사의 내부상황은 어제나 오늘이나 크게 달라진 것이 없어. 현재 매출은 여전히 지속되고 있고 이익도 나고 있는 상태야. 그런데 환율 급등이라는 회사 외부요인으로 인한 시장위험이 A회사의 주가를 떨어뜨린 것이라고 볼 수 있어. 이처럼 회사 자체에는 당장 문제가 없어도 전체 시장에 영향을 미치는 환율, 금리 등이 급변하여 시장위험이 발생하면 어느 한 종목의 주가만 떨어지는 것이 아니라 우리나라 주식시장에 상장된 종목 전체가 떨어지게 되지. 이런 경우에는 투자종목을 잘 분석하고 분산투자하여 개별위험을 줄였음에도 불구하고 갑작스러운 시장위험 때문에 손해를 보게 되는 사례라고 볼 수 있어.

재무구조가 좋은 ○○통신주를 샀는데 세계적인 통신업황이 좋지 않아 주가가 떨어질 수 있어. 또 수주가 많은 대형 건설사 주식을 샀는데 부동산 경기가 하락하는 경우 시장위험으로 인하여 주가가 떨어질 수 있어. 전일 미국 IT 주식이 폭락했다는 소식이 전해지면 우리나라 IT 주식도 떨어질 수 있어. 이처럼 특정 회사의 개별위험을 제거하더라도 시장위험 때문에 주가가 떨어질 수 있어. 분산투자방식을 통해 개별위험을 피해갔다 하더라도 갑작스럽게 발생하는 시장위험을 투자자가 피하기는 불가능해. 내가 산 A회사 주식이 금리, 환율, 미국시장, 글로벌시장과 같은 회사 외부의 위험을 통제할 수 없기 때문이지. 그래서 시장위험(외부위험)이 발생하면 A회사의 주식이 우량주가 아니라 우량주 할아버지라도 하락할 수밖에 없어. 시장위험은 멀쩡한 주식의 가격을 떨어뜨리는 일등 공신이지. 그런데 정말 시장위험을 피할 수는 없는 것일까? 완벽하게 피할 수는 없지만 줄일 수는 있어. 그 해답은 '분할투자'방식을 선택하는 거야. 분할투자는 투자금액을 한꺼번에 투자하지 않고 1/n로 쪼개어 여러 번에 걸쳐 투자하는 방식이지. 예를 들어 1천만원을 월 100만원씩 10번으로 나누어 투자하는 방식이지. 이 경우 첫달 100만원 투자했을 때 큰 폭의 주가하락이 있다 하더라도 남은 900만원으로 더 낮은 가격으로 더 많은 주식을 살 수 있기 때문에 손실을 줄일 수 있다는 거지.

아들 개별위험과 시장위험을 줄이는 방법은 알겠어요. 그런데 개별위험과 시장위험을 줄이기만 하면 뭐해요? 주식에 투자하는 이유는 무엇보다도 수익을 내서 돈 벌려고 하는 거잖아요.

아빠 물론 누구나 주식투자로 큰 수익을 내고 싶지. 그런데 대부분의 투자자가 왜 손해를 보는 경우가 많은지 생각해 봐! 주식투자라는 것은 수익 가능성과 손실 가능성(위험)이 동시에 존재해. 수익과 손실을 접하는 우리의 감정은 매우 비대칭적이지. 예컨대, 1억 원을 주식에 투자했는데 한 달 만에 50% 수익이 났다면 당신이 느끼는 행복감은 얼마나 될까? 이때 행복감 정도는 50포인트 정도 된다고 하자. 반면 1억 원을 주식에 투자했는데 한 달 만에 반 토막이 되었다면 그때 느끼는 상실감은 얼마나 될까? 500포인트 정도 돼. 합리적으로 생각하면 수익이 났을 때와 손실이 났을 때 감정의 기복도 같은 정도 수준이어야 한다. 50% 수익이 났을 때 행복감이 50이라면, -50% 손실이 났을 때 상실감도 50% 수준이어야 하지. 그런데 실제로 대부분의 투자자들은 수익이 났을 때 행복감보다 손실이 났을 때 상실감을 훨씬 크게 느껴.

주식투자로 50% 수익이 난 경우, 행복감의 수명은 그리 오래 가지 않아. 어떤 사람은 하루에 끝나기도 하고 어떤 사람은 일주일 정도 기분 좋은 정도야. 50% 수익 났다고 일상의 일을 제대로 못 할 정도는 날뛰지는 않지. 50% 수익 난 것은 난 것일 뿐이고, 시간이 좀 지나면 50% 수익 난 것을 잊고 별일 없는 듯 살아가게 되지. 회사 일도 평소와 같이 하고, 가족들과도 평소처럼 일상을 보내게 되지.

반면 주식투자로 50% 손실이 난 경우, 상실감의 수명은 매우 오래가. 어떤 사람은 한 달 동안 괴로워하고, 어떤 사람은 1년 동안, 또 어떤 사람은 평생을 괴로워하면서 살기도 해. 일상의 일도 제대로 못하지. 회사에서도 일이 손에 잡히지 않아. 어떤 순간에도 50% 손실의 아픔이 계속 따라다니며 괴롭히게 되지. 큰 손실은 때로 가정을 파괴시키기도 하고, 극단적인 선택을 하게 하는 유인이 되기도 해. 나는 이러한 감정의 비대칭성 때문에 수익관리보다 위험관리를 더 중요하게 생각해.

또 한편으로 생각하면 위험관리가 곧 수익관리라고 볼 수 있어. 통상 주가는 상승추세일 때가 있고 하락추세일 때가 있어. 위험관리는 주로 하락추세일 때만 하면 되지. 상승추세일 때는 굳이 위험관리를 하지 않아도 수익이 잘 날 테니까 말야. 예를 들어 2023년 1월 현재 A주식의 주가도 10,000원이고, B주식의 주가도 10,000원이야. 2023년 1월에 갑돌이는 1억원을 A주식에만 전액 투자했고, 갑순이는 1억원을 A주식과 B주식에 각각 500만원씩 매월 투자하기로 했어. 주식시장이 하락추세라서 5개월 후 A주식은 반토막이 되었고, B주식은 20% 손실이 났어. 그래서 갑돌이와 갑순이 모두 손해를 보게 되었지. 하지만 그 정도가 달라.

갑돌이와 갑순이의 투자 비교

구분	갑돌이	갑순이
총 투자 가능 금액	1억원	1억원
5개월간 실제 투자 금액	1억원	5천만원
5개월간 수익률	-50%	-35%
손실규모	5000만원	1750만원
잔여 투자 가능 금액	0원	5000만원

갑돌이는 1억원을 한 종목에 몰빵했고 위험관리는 하지 않은 거야. 반면 갑순이는 1억원을 두 종목에 나누어 매월 1/10씩 분할 투자하고 있어. 갑순이는 종목을 분산투자하면서 금액도 분할하여 투자하고 있으니 위험관리를 하고 있는 투자방식을 취하고 있다고 볼 수 있어.

하지만 5개월간 주가가 하락하여 갑돌이뿐만 아니라 갑순이도 손해를 피할 수 없었어. 갑돌이는 -50%, 갑순이는 -35%. 그렇지만 위험관리를 한 갑순이는 갑돌이보다 손실 폭이 적고, 아직도 5천만원의 투자가능금액이 남아있어. 더욱이 10,000원이었던 A주식은 5,000원으로 50% 더 싸졌고, B주식은 8,000원으로 20% 더 싸졌어. 갑돌이는 1억원으로 A주식을 10,000원에 모두 사버려서 투자할 돈이 없어. 반면 갑순이는 아직 5천만원이 남아있기 때문에 A주식은 50% 싼 가격으로 살 수 있고, B주식은 20% 싼 가격으로 살 수 있게 되었어. 갑돌이와 갑순이는 똑같이 1억원을 투자했지만, 갑순이는 더 낮은 가격에 살 수 있기 때문에 갑돌이보다 주식수량을 더 많이 확보할 수 있어.

주식시장은 사이클이 있어 지금 하락추세라 하여도 시간이 지나면 상승추세로 바뀌게 돼. 갑돌이는 수익률이 -50%이기 때문에 총투자금액은 1억원에서 5천만원으로 쪼그라들었어. 상승추세로 전환된다고 하여도 투자금액이 5천만원으로 쪼그라 들었기 때문에, 향후 수익률이 100% 되어야 원금 1억원이 될 수 있어. A주식만 1만원에 10,000주 매수하였다가 반토막이 된 셈이지. 아마도 100% 수익내기가 쉬운 것은 아니기에 갑돌이는 원금 회복하기도 엄청 어려울 거야. 반면에 갑순이는 5개월간 투자금액(5천만원)을 기준으로 하면 수익률이 -35%이지만, 총투자가능금액(1억원)을 기준으로 하면 -17.5%에 불과해. 더욱이 5천만원의 투자가능금액이 남아있기 때문에 그 돈으로 50% 싸진 A주식과 20% 싸진 B주식을 추가 매수하는 경우 평균매수단가는 낮아지게 되고 손실률도 줄어들어. 이렇게 싼 가격에 매수하게 되면 갑순이의 경우 A주식의 평균매수단가는 6,700원 정도 되고, B주식의 평균매수단가는 8,900원 정도 돼. 그리고 총매입주식수량은 대략 A주식 7,500주, B주식 5,500주로 총 1만3천주가 될거야.

갑돌이와 갑순이 모두 동일한 1억원을 주식에 투자했지만 위험관리(분산투자와 분할투자) 여부에 따라 향후 수익률은 크게 달라질 거야. 갑돌이는 A주식이 100% 올라야 겨우 원금이기 때문에 (+)수익률을 기대하기가 어려워졌어. 반면 갑순이는 위험관리 방법인 분산투자와 분할투자를 병행한 덕분에 A주식은 33%, B주식은 12%만 올라도 원금이 회복되고, 그 이상 오르면 (+)수익률을 기대할 수 있어. 뿐만 아니라 주식수량도 더 많이 확보할 수 있어. 갑순이는 잔여 투자가능금액 5천만원으로 싼 가격에 주식을 추가매수하면서 총 주식수량이 갑돌이(1만주)보다 3천주 많은 1만3천주를 보유하게 돼. 정리하자면 갑순이는 위험관리 한 덕분에 갑돌이보다 빨리 원금회복을 할 수 있어. 그리고, 주식수량도 갑돌이보다 3천주가 더 많기 때문에 갑돌이보다 수익의 크기가 3천주만큼 더 커지게 돼. 그러므로 위험관리가 곧 수익관리라고 말할 수 있는 것이지.

Chapter 03

1억원이 공짜로 생겨
주식투자 한다면?

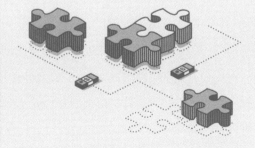

전문가가 추천하는 4종목

우리아들은 주식투자에 관심이 많습니다. 아들에게 1억원짜리 수표 한장을 주면서 이 돈으로 주식투자를 해 보라고 했습니다. 물론 가상투자용 가짜수표입니다. 하하! 주식투자도 가상투자입니다. 실제로 주식투자 해보기 전에 연습 삼아 해 보라는 의미이죠. 저는 아들에게 4종목을 추천할 테니 그중에서 한 종목을 골라 1억원어치 매수하라고 했습니다. 제가 추천할 주식은 급등락 하는 테마주나 잡주가 아닙니다. 4종목은 모두 업종 대표주이고, 시가총액도 10조 원 이상인 대형 종목이라는 점을 미리 밝혀 둡니다. 추천하는 시점은 2022년 3월 31일이고, 직전 4년 동안의 재무정보를 제공할 것이니 참조하십시오(재무정보 중 매출액과 영업이익은 단위를 표시하지 않아 정확한 수치가 아니므로 4년간 매출액과 영업이익의 추이만 파악

직장인도 부자가 될 수 있는 월급세팅법

하시기 바랍니다). 독자 여러분도 추천한 4개 종목 중 한 종목을 가상으로 매수하여 보십시오. 가상투자이니까 1억원의 금액을 한 종목에 모두 매수하는 것으로 하겠습니다. 저는 주식투자에 관심을 가지고 있는 제 아들이 어떤 주식을 살 것인지 알아보겠습니다.

4종목의 재무정보와 추천사유

첫 번째 추천 종목의 기본적인 재무정보는 아래와 같습니다. 최근 3년 동안 매출액이 계속 증가하고 있고, 영업이익도 매년 높아지고 있습니다. 부채비율이 약간 증가하고 있으나 무시해도 될 만큼 부채비율이 낮아서 자금압박이나 부도위험은 거의 없다고 봅니다.

첫 번째 추천종목의 재무정보

구분	2018	2019	2020	2021
매출액	2,437	2,304	2,368	2,796
영업이익	588	277	359	516
부채비율	37%	34%	37%	39%
영업이익률	24%	12%	15%	18%

첫 번째 추천종목의 현재(2022.3.31. 기준) 주가는 69,600원입니다. H증권의 애널리스트는 이 종목에 대하여 영업이익이 전년 대비 28% 성장할 것으로 보아 목표주가를 11만원까지 상향하였습니다. D증권의 애널리스트는 이 종목과 관련된 산업이 향후 상승 사이클에 진입할 것으로 예상되고, 이 종목이 추진하고 있는 신사업의 실적도 개선될 것으로 기대된다는 점에서 목표주가를 12만원까지 보고 있습니다.

첫 번째 추천종목의 최근 1년간 주가차트

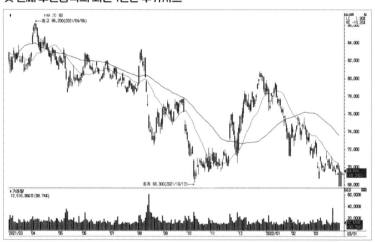

이 종목은 1년 전에 86,200원까지 올랐던 종목인데, 최근 1년 간 계속 주가가 떨어지면서 고점 대비 20% 정도 싼 가격에 살 수 있습니다. 챠트로 볼 때 붉은화살표 있는 부분이 현재시점의 주

가(69,600원)입니다. 직전 최저가(68,300원) 수준에서 더 이상 하락하지 않는 모습을 보이고 있으므로 추가하락 하지 않는다면 지금이 저점매수 기회라고 생각됩니다.

아빠 아들, 이 종목 어때? 매수할 만하다고 생각되냐?

아들 좋아 보이는데요. 저는 종종 돈 관리를 잘하지 못해서 마이너스인 때도 있는데, 이 회사는 단 한번도 적자인 때가 없고, 이익도 꾸준하게 내고 있잖아요. 특히 최근에 영업이익이 더 커진 점이 마음에 들어요. 이 종목 사고 싶은데요.

아빠 이 종목에 대하여 긍정적으로 보는구나. 그럼 다음 종목도 알아볼게

아들 네. 일단 첫 번째 종목 찜해났어요.

두 번째 추천 종목의 기본적인 재무정보는 아래와 같습니다. 최근 3년간 매출액을 보니 약간 감소한 때도 있으나 다시 증가하기 시작했습니다. 하지만 영업이익은 매출액이 약간 감소한 해에도 증가하였습니다. 최근 부채비율이 높아졌다는 점이 아쉽기는 합니다. 하지만 회사의 유보율(기업의 자본금 대비 이익잉여금과 자본잉여금의

비율)이 무려 38,061%나 되므로 부채비율은 걱정하지 않아도 될 듯합니다. 더욱이 최근 3년 연속 영업이익률이 증가하고 있어 올해 실적도 기대됩니다.

두 번째 추천종목의 재무정보

구분	2018	2019	2020	2021
매출액	1,687	1,774	1,608	1,674
영업이익	120	110	124	138
부채비율	89%	98%	96%	150%
영업이익률	7%	6%	8%	9%

두 번째 추천종목의 현재(2022.3.31. 기준) 주가는 56,900원입니다. E증권 애널리스트는 이 종목에 대하여 작년 배당수익률이 6%를 상회하면서 과거 10년 평균을 크게 상회하고 있다는 점을 강조하면서 목표주가를 78,000원으로 제시하고 있습니다. D증권 애널리스트도 이 종목이 해당 업계에서 압도적 1위를 유지하고 있고, 분기배당을 실시하고 배당수익률도 매년 증가할 것으로 보아 목표주가를 89,000원으로 발표했습니다.

이 종목은 1년 전에 67,900원까지 올랐던 종목인데, 주식시장 전체가 하락하면서 고점 대비 15% 정도 싼 가격에 살 수 있습니다. 챠트로 볼 때 붉은화살표 있는 부분이 현재시점의 주가(56,900

두 번째 추천종목의 최근 1년간 주가차트

원)입니다. 최근 5일 이동평균선이 상승하고 골든크로스도 나타나고 있으므로 차트 분석상 매수시점으로 볼 수 있습니다.

아빠 아들, 이 종목도 괜찮아 보이냐?

아들 나쁘지는 않은데 첫 번째 종목보다는 매력이 떨어지는데요. 첫 번째 종목과 비교해 볼 때 부채비율이 높고, 영업이익률은 낮아요. 두 종목 중에 고른다면 저는 첫 번째 종목을 선택하겠어요.

아빠 이 종목의 가장 큰 장점은 고배당주라는 점이야. 통상 고배당주는 주식시장이 하락할 때도 크게 하락하지 않는 특징이 있고, 배당을 받기 때문에 상대적으로 안정적인 수익을 기대할 수 있다는 장점이 있어.

아들 아, 그래요? 그럼 지금처럼 주식시장이 하락추세일 때는 이런 종목이 더 나을 수도 있겠군요. 이 종목도 고려해 보겠습니다.

세 번째 추천 종목의 기본적인 재무정보는 아래와 같습니다. 최근 3년간 매출액이 큰 폭으로 성장하고 있고, 영업이익도 꾸준히 증가하고 있습니다. 부채비율은 40%에 불과하여 안정성이 높고, 영업이익률은 20% 내외로 다른 종목보다 수익성도 매우 높습니다.

세 번째 추천종목의 재무정보

구분	2018	2019	2020	2021
매출액	5,586	4,356	5,304	6,817
영업이익	942	1,150	1,215	1,325
부채비율	66%	89%	106%	40%
영업이익률	17%	26%	23%	19%

세 번째 추천종목의 현재(2022.3.31. 기준) 주가는 340,500원입니다. K증권 애널리스트는 이 종목에 대하여 기존 사업의 안정적인

성장세가 지속되고, 글로벌 신규사업이 성과를 내기 시작한다는 점을 강조하며 목표주가를 46만원으로 제시하였습니다. 또 Y증권 애널리스트는 성장잠재력이 있는 콘텐츠의 고성장이 지속할 가능성이 높고, 신사업에 대한 글로벌 진출로 실적기반이 확장되었다는 점을 강조하며 목표주가를 50만원으로 제시하면서 최근의 주가하락은 좋은 매수기회가 될 것이라고 판단했습니다.

세 번째 추천종목의 최근 1년간 주가차트

이 종목은 작년에 465,000원까지 올랐던 종목인데, 주식시장 전체가 하락하면서 작년 고점대비 25% 정도 싼 가격에 살 수 있습니다. 차트로 볼 때 붉은화살표 있는 부분이 현재시점의 주가(340,500원)입니다. 최근에 297,000원까지 급락한 적이 있으나 곧바로 30만원 이상으로 안착했으며, 점점 저점을 다져가면서 상승을 준비하고 있는 것으로 보입니다.

아빠 아들, 이 종목은 어때?

아들 너무 좋아 보이는데요. 이 종목은 매출도 늘고 있고, 이익도 늘고 있는데 주가만 떨어져 있잖아요. 실적 대비 저평가 받고 있다는 느낌이 들어요.

아빠 그렇지. 두 번째 종목이 배당주라면 세 번째 종목은 성장주라고 할 수 있어. 통상적으로 성장주의 특징은 주식시장이 하락추세일 때 배당주보다 더 많이 떨어지는 특징이 있어. 반면에 주식시장이 상승추세일 때는 배당주보다 훨씬 큰 폭으로 올라. 그래서 공격적인 투자자가 이런 종목을 선호해.

아들 주식시장이 크게 오르기 전에 미리 사두고 싶은데요.

아빠 그래, 그럼 한번 사볼래? 하하

네 번째 추천 종목의 기본적인 재무정보는 아래와 같습니다. 최근 3년간 매출액과 영업이익이 계속 증가하고 있습니다. 특히 작년에 매출액과 영업이익의 수준은 사상 최대를 갱신하고 있습니다. 부채비율이 2년 사이에 2배(71%→139%) 가까이 되었다는 점이 아쉬운 부분이지만 매출액과 영업이익이 매년 증가하기 때문에 문제없을 것으로 판단됩니다.

네 번째 추천종목의 재무정보

구분	2018	2019	2020	2021
매출액	589	616	854	1,485
영업이익	50	37	55	115
부채비율	189%	76%	71%	139%
영업이익률	8%	6%	6%	8%

네 번째 추천종목의 현재(2022.3.31. 기준) 주가는 98,300원입니다. K증권 애널리스트는 이 종목에 대하여 최근 공장화재와 내부자거래 관련 검찰조사 소식으로 주가가 부진했으나, 독보적인 기술력과 국내외 공장증설을 통한 중장기 성장성이 유효하다고 보고 목표주가는 15만원을 제시하였습니다. Y증권 애널리스트는 최근 이 종목과 관련된 악재로 주가가 크게 하락하였기 때문에 악재는 모두 반영되었고, 이제는 악재보다 향후 성장성에 집중해야 한다면서 목표주가를 22만원으로 제시하였습니다.

이 종목의 주가는 작년 초 3만원대였는데, 작년 말 14만원까

네 번째 추천종목의 최근 1년간 주가차트

지 초고속 상승했습니다. 그리고 최근 단기 악재로 14만원 대에
서 8만원 대까지 무려 40%정도 주가가 폭락했습니다. 하지만 폭
락하던 주가가 8만원 부근에서 추가하락을 멈추고 재상승 시도
를 하고 있습니다. 대표적인 성장산업 관련 종목이므로 단기 폭
락을 저가매수 기회로 잡을만하다고 봅니다.

아빠 아들, 그럼 4종목 중 네가 투자하고 싶은 하나를 정해
보거라.

아들 제가 생각하기에는 4종목 다 좋은데 특히 세 번째 종목
에 투자하고 싶어요.

아빠 세 번째 종목을 선택한 이유가 뭐지?

아들 세 번째 종목은 투자의 3원칙이라고 할 수 있는 수익성, 안정성, 성장성을 다 갖고 있는 것 같아요. 영업이익률이 20% 정도이니 수익성 좋지요. 부채비율이 40% 수준이므로 안정성 좋고요. 매출과 영업이익이 매년 증가하니까 성장성도 좋아요. 저는 세 번째 종목에 1억원을 투자하겠습니다.

아빠 그럼 추천종목을 추천한 시점인 2022년 3월 31일에 이 종목을 그 당시의 주가인 340,500원으로 1억원 투자했다고 하자고. 그리고 지금은 투자 후 1년이 지난 2023년 3월 31일이야. 1년 동안 추천종목 4개가 모두 올랐는지, 올랐다면 얼마나 올랐는지, 떨어졌다면 얼마나 떨어졌는지 한번 확인해 보자.

아들 4종목 모두 대형우량주이고, 좀 싼 가격에 매수할 수 있었기 때문에 모두 다 많이 올랐을 것 같아요.

아빠 글쎄… 아빠도 아빠가 추천한 종목이니 모두 다 올랐으면 좋겠다. 자, 그러면 추천한 4종목의 오늘 현재(2023.3.31.) 주가를 한번 살펴보면서 1년 동안 얼마나 올랐는지 볼까?

4종목의 1년 후 수익률

독자여러분도 4개의 추천종목 중 한 종목을 선택하셨는지요? 아직 안하셨다면 지금이라도 한 종목 골라보시기 바랍니다. 그리고 선택된 종목에 1억원 투자했다고 생각하시기 바랍니다. 곧 결과를 확인해 볼 예정입니다. 종목선택도 하지 않고 미리 결과부터 확인하지 마십시오. 그러면 재미없잖아요. 하하! 여러분 스스로 추천종목 중 하나를 지금 바로 선택하십시오. 선택셨습니까? 선택할 시간 10분 드리겠습니다. 10분 경과. 이제 독자여러분 모두 선택하셨죠? 그러면 제가 추천한 4개 종목이 1년 후 어떻게 되었는지 확인해 보겠습니다.

첫 번째 종목은 우리나라 증권시장에서 시가총액 1위인 삼성전자입니다. 독자 여러분 중 삼성전자에 투자하신 분 계십니까? 아래 삼성전자의 1년 주가차트를 보시기 바랍니다. 1년 전 투자시점과 1년 후인 오늘의 삼성전자 주가를 확인해 보십시오. 왼쪽 점선 화살표로 표시한 부분이 1년 전 삼성전자에 투자한 날(2022.3.31.)이고, 오른쪽 붉은색 화살표로 표시한 부분이 1년 후인 오늘(2023.3.31.)입니다.

첫 번째 종목의 투자 이후 주가차트

아쉽게도 삼성전자 주가가 떨어졌네요. 1년간 삼성전자의 수익률은 안타깝게도 -8%입니다. 1억원이 9,200만원으로 쪼그라들었네요. 대한민국 1등 종목이라고 할 수 있는 주식에 투자했는데도 손해가 나서 마음이 쓸쓸합니다. 하지만 너무 낙담하실 것은 없어요. 손실률이 회복하기 어려울 정도로 크지는 않은 편이

직장인도 부자가 될 수 있는 월급세팅법

고, 이러한 실패경험을 통해서 다음 투자할 때에는 '언제 투자하는 것이 좋은지'를 배우게 하거든요.

두 번째 종목은 우리나라 통신업종 1위업체인 SK텔레콤입니다. 독자 여러분 중 SK텔레콤에 투자하신 분 계십니까? 아래 SK텔레콤의 1년 주가차트를 보시기 바랍니다. 1년 전 투자시점과 1년 후인 오늘의 SK텔레콤 주가를 확인해 보십시오. 왼쪽 점선 화살표로 표시한 부분이 1년 전 SK텔레콤에 투자한 날(2022.3.31.)이고, 오른쪽 붉은색 화살표로 표시한 부분이 1년 후인 오늘(2023.3.31.)입니다.

두 번째 종목의 투자 이후 주가차트

SK텔레콤도 투자 후 잠깐 올랐다가 결국 하락해 버렸네요. 1년간 SK텔레콤의 수익률은 안타깝게도 -15%입니다. 1억원이

8,500만원이 되었습니다. 1,500만원이 손실이라니... 나는 SK텔레콤을 이용하는 고객이기도 한데, 왠지 SK텔레콤이 나를 배신한 것 같은 느낌이 듭니다. 고배당주는 주식시장이 하락추세일 때도 좀 덜 빠진다고 하는데 왜 이렇게 많이 빠진 거죠? 주식시장에서 배당주가 상대적으로 안전하다고 하지만 항상 그런 것만은 아니라는 것을 보여주고 있습니다. 사춘기에는 모범생도 한동안 방황할 수 있듯이 배당주도 그럴 때가 있습니다. 그렇지만 '때가 되면 반드시 제자리를 찾는다'는 것을 우리는 압니다. 너무 실망하지 마셨으면 좋겠네요.

세 번째 종목은 우리나라 인터넷서비스 1위 업체인 네이버입니다. 굳이 설명하지 않아도 여러분이 매일 사용하고 있는 인터넷 포털업체입니다. 아래 네이버의 1년 주가차트를 보시기 바랍니다. 1년 전 투자시점과 1년 후인 오늘의 네이버 주가를 확인해 보십시오. 왼쪽 점선 화살표로 표시한 부분이 1년 전 네이버에 투자한 날(2022.3.31.)이고, 오른쪽 붉은색 화살표로 표시한 부분이 1년 후인 오늘(2023.3.31.)입니다.

에고, 이게 웬일입니까? 1년간 네이버의 수익률은 안타깝게도 -42%입니다. 작년 3월 31일 매수시점의 주가는 340,500원이었는데, 1년 후 오늘 202,000원으로 떨어졌습니다. 1년 내내 매수시점

세 번째 종목의 투자 이후 주가차트

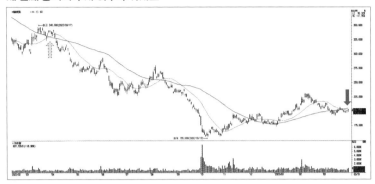

의 가격을 회복한 적이 단 한 번도 없고, 줄기차게 떨어졌습니다. 매출액, 영업이익 모두 증가하고 부채비율도 적을뿐만 아니라 주가가 많이 떨어져 있어서 저가매수 기회라고 생각하고 안심하고 매수했었는데… 이렇게 뒤통수를 치다니요. 투자금액 1억 원이 반토막에 가까운 5,800만원이 되어버렸습니다. 이제 주식의 '주' 자도 보기 싫어집니다. 일도 하기 싫고, 반토막 된 주식 때문에 와이프와 매일 밤 싸우게 됩니다. 제가 추천한 종목이 이렇게 돼서 정말 죄송하고 할 말이 없습니다. 가상투자였기 망정이지 실제 투자였으면 이 종목을 추천한 저도 마음고생이 심했을 것 같습니다.

'그놈? 때문에 피 같은 내 돈 4,200만원만 날렸다'라고 낙담하지 않았으면 좋겠습니다. 주식투자로 크게 손실이 나더라도 희망을 가졌으면 좋겠습니다. 손실에만 집착하면 돈만 잃는 것이 아니라 가정의 행복도 깨질 수 있기 때문이지요. 이럴 때일수록 대안을 찾는 노력이 필요합니다. 아직 투자가 끝난 것은 아닙니다. 운동경기도 그렇듯이 투자도 끝날 때까지 끝난 게 아닙니다. 지금부터는 적극적으로 추가투자 할 때인지. 기다리면서 장기투자 할 것인지, 손절매 하고 다른 종목으로 갈아탈 것인지를 결정해야 합니다. 주식투자를 잠깐 쉬고 투잡 등으로 추가수입을 얻는 데 집중하는 것을 대안으로 할 수도 있습니다. 낙담하고 포기할 때가 아니라는 것이지요. 누구든 실패를 합니다. 어떤 이는 실패를 걸림돌로 생각하고, 어떤 이는 실패를 디딤돌로 생각합니다. 독자여러분의 선택은 실패가 디딤돌이 되는 선택을 하셨으면 좋겠습니다.

네 번째 종목은 우리나라 코스닥 시가총액 1위(2023.3.31. 기준)인 '에코프로비엠'입니다. 전기자동차에 들어가는 2차 전지 소재인 양극재 생산기업으로 이 부분 국내 1위, 세계 2위입니다. 전기차 시장이 전 세계적으로 확대되어 감에 따라 에코프로비엠의 양극재 수요도 증가할 수밖에 없으므로 향후에도 성장가능성이 높다고 보는 전문가들이 많습니다. 아래 에코프로비엠의 1년 주가차트를 보시기 바랍니다. 1년 전 투자시점과 1년 후인 오늘의 에코프로비엠 주가를 확인해 보십시오. 왼쪽 점선 화살표로 표시한 부분이 1년 전 에코프로비엠에 투자한 날(2022.3.31.)이고, 오른쪽 붉은색 화살표로 표시한 부분이 1년 후인 오늘(2023.3.31.)입니다.

네 번째 종목의 투자 이후 주가차트

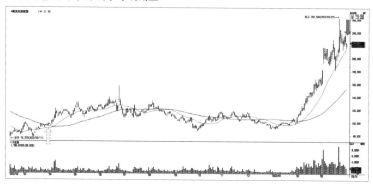

와우! 대박입니다. 1년간 에코프로비엠의 수익률은 무려 128%입니다. 작년 3월 31일 매수시점의 주가는 98,300원이었는데, 1년 후 오늘 224,500원까지 상승하였습니다. 이 종목에 투자하신 독자분 계십니까? 정말 축하드립니다! 1억원이 2억2,800만원이 되었습니다.

여윳돈 다 땡기고 최대한 대출도 받아서 5억원 정도 투자할 걸 하는 아쉬움도 듭니다. 5억원 투자했다면 지금쯤 꿈만 같은 목표금액, 10억원이 되었을 테니까요. 앞으로는 주식투자 비중을 늘려야겠다는 마음이 듭니다. 종목만 잘 선택하면 주식이 위험한 것도 아닌 것 같습니다. 앞으로 큰 욕심부리지 않고 10억원 될 때까지 주식투자에 올인하려고 합니다. 10억원이 되면 여행도 맘껏 하고, 기부도 하면서 의미 있게 살고 싶습니다. 혹시 이런 생각을 하고 계십니까?

하지만 투자에 성공했다는 기쁨에 너무 들떠 있지 마십시오. 성공에 취해 있으면 다음 투자에서 실패할 가능성이 많습니다. '산이 높으면 골도 깊다'는 증시 격언을 겸허한 마음으로 새겨야 할 때입니다. 사실 당신이 투자에 성공한 것은 당신의 실력이 좋았기 때문도 아니고, 제가 추천종목을 잘 선택하는 실력이 있기 때문도 아닙니다. 주식투자를 계속하면 할 때마다 매번 성공하는 것이 아닙니다. 냉정하게 판단하면 당신은 운이 좋았습니다. 3개의 다른 종목들은 모두 큰 손실이 났는데 당신이 선택한 에코프로비엠만 크게 수익이 났습니다. 큰 수익에 잔뜩 고무되어 흥분하면 안 됩니다. 운 좋게 대박 난 것을 감사하게 생각하고, 이제부터는 본격적인 투자 공부를 시작해 보십시오. 다음 번 투자는 전문가의 추천종목에만 의존하지 말기 바랍니다. 그들의 의견을 무시하라는 의미가 아닙니다. 그들의 분석보고서와 추천 사유를 무조건 맹신하지 말고, 참고만 하라는 것입니다. 또 최근 1년 동안에는 에코프로비엠이 크게 상승했지만, 앞으로 1년은 삼성전자, SK텔레콤, 네이버 중에 한 종목이 크게 상승할 수도 있습니다. 주식은 최근 크게 상승했다고 하여 무조건 좋은 주식이고, 크게 하락했다고 하여 무조건 나쁜 주식인 것은 아닙니다. 아무리 좋은 주식도 경기가 침체하거나 시장상황이 좋지 않으면 주가가 떨어질 수 있거든요. 최근 삼성전자, SK텔레콤, 네이버가 하락했지만 그 주식들이 나쁜 주식은 아닙니다. 위험선호형의 투자자라면 지금이 저가 매수할 타이밍이라고 생각할 수 있습니다.

아빠 네가 1억원 투자하겠다고 한 종목이 세 번째 종목이었지?

아들 에고, 대형 우량주도 1년 만에 42%나 손실이 날 수 있나요? 정말 주식은 모르겠네요…

아빠 만약 그 1억원이 올해 가을 너의 결혼자금이었다면?

아들 컥! 하늘이 무너지는 기분일 것 같아요. 일도 손에 안 잡히고, 밥도 먹지 못하고, 잠도 못자겠죠. 그건 정말 상상조차 하기 싫은데요. 결혼도 포기해야 하나요? 이럴 땐 어떻게 해야 하죠?

아빠 뭘 어떻게 해? 로또복권이라도 사야지. 농담이야. 하하. 아빠가 운전할 때 차에 타자마자 하는 게 뭐지? 바로 안전벨트 매는 것이야. 교통사고에 대비하여 안전벨트를 매는 것이잖아. 주식투자도 마찬가지야. 처음 투자를 시작할 때부터 안전장치를 갖추고 해야 해.

주식에 투자할 땐
안전장치가 필수!

아들 주식투자도 안전장치만 갖추면 손해를 막을 수 있나요?

아빠 교통사고 나더라도 큰 사고가 아니면 별문제가 안돼. 너도 알겠지만 안전벨트를 맨다고 하여 100% 안전한 것은 아니야. 하지만 설령 교통사고가 나더라도 안전벨트를 하고 있으면 치명적인 위험은 줄일 수 있어. 마찬가지로 주식투자에서도 안전장치를 한다고 하여 무조건 100% 안전해지는 것은 아니야. 큰 손실이 날 상황인데도 적은 손실로 커버할 수 있도록 만드는 것이지. 또는 운이 따라주면 큰 손실 날 상황임에도 오히려 수익이 날 수도 있게 만드는 것이지.

아들 주식투자라는 것이 돈을 불리기 위한 것인데, 손해를 걱정해야 한다는 것이 이해가 잘 안돼요.

아빠 주식투자는 수없이 많은 변수에 의하여 주가가 수시로 변동하기 때문에 손실 나는 상황을 누구도 피할 수 없어. 그래서 주식투자자는 투자기간 중에 발생할 수 있는 손실을 인정하는 태도를 갖고 있어야 해. 그렇다고 해도 큰 손실이 나도록 내버려 두어서는 안돼.

안전장치의 목적은 큰 손실이 나지 않도록 하는 것이라고 볼 수 있어. 큰 손실이 나지 않으면 원금회복하고 수익으로 전환하기가 상대적으로 유리하기 때문이지. 대부분의 주식투자자는 투자를 시작할 때 큰 수익만 기대하고, 투자 후에는 그저 손실은 나지 않기만을 바라고 있어. 그건 순서가 틀렸어. 투자를 시작할 때 손실이 적게 나도록 안전장치를 갖추고 그 다음에 큰 수익을 기대하는 거야.

아들 그러면 그 안전장치라는 것이 무엇인가요?

아빠 안전장치는 이미 너도 알고 있는 거야. 바로 위험관리 방법인 분산투자와 분할투자를 실천하는 것이지. 여기에 하나를 더 추가한다면 장기투자를 실천하는 것이라고 할 수 있어. 다시 말하면 주식투자할 때 분산투자원칙, 분할투자원칙, 장기투자원칙을 지키는 것이 안전장치라는 것이지.

아들 그 3가지만 지키면 정말 되나요?

아빠 그래. 추천종목 4개를 가지고 안전장치를 갖추었을 때 어떻게 되는지 한번 적용해 볼게. 우선 분산투자원칙을 적용시켜 볼게.

아들 전문가들로부터 분산투자하라는 말은 많이 들었는데, 정말 그렇게 하면 얼마나 효과가 있나요?

아빠 1억원을 한 종목에 전액 투자하지 않고, 추천종목 4종목에 각각 2,500만원씩 분산투자했더니 아래 표에서 볼 수 있듯이 16%의 수익률이 나왔어. 물론 분산투자하면 모두 이 정도의 수익률이 나오는 것은 아니야. 경우에 따라서는 분산투자해도 손실이 날 수 있지만 큰 손실은 막을 수 있어.

아들 에코프로비엠 한종목에 투자했으면 128%나 수익이 날 수 있었는데, 분산투자해서 수익이 16%로 줄어드는 것으로 볼

추천종목 4종목에 분산투자 한 경우의 수익률은?

종목	투자금액	1년후 수익률	평가금액
삼성전자	25,000,000	-8%	23,000,000
SK텔레콤	25,000,000	-15%	21,000,000
NAVER	25,000,000	-41%	14,000,000
에코프로비엠	25,000,000	128%	57,000,000
누계	100,000,000	16%	116,000,000

(투자기간 : 2022. 3. 31~2023. 3. 31)

수도 있잖아요. 그렇다면 분산투자보다 수익이 날 만한 종목을 선택하는 기술이 더 중요하지 않나요?

아빠 에코프로비엠이 1년 만에 128% 올라갈 것이라고 알 수 있다면 누구든 그렇게 하겠지. 그런데 1년 후 삼성전자가 올라갈지, 네이버가 올라갈지, 에코프로비엠이 올라갈지 어떻게 알 수 있겠어? 한 종목에 투자하면 가장 큰 수익을 얻을 수도 있지만, 가장 큰 손실을 볼 수도 있어. 전문가도 몰라. 이 세상 그 누구도 몰라. 주가는 개별위험과 시장위험이 있기 때문에 언제 어떻게 될지 모르잖아. 그래서 분산투자 방식이 나온 거야.

자동차의 안전벨트는 운전 속도를 빠르게 하는 목적이 아니라 사고 나더라도 큰 상처가 나지 않도록 보호하는 것이 목적이

는 1년간 보호예수의무(1년간 매도하지 않고 의무적으로 예탁하게 하는 제도)가 있으므로 1년 이내에 매도할 수 없습니다.

상장법인에서 근무하는 직장인은 자사주 매입이 좋은 재테크 수단이지만, 비상장법인에 근무하는 직장인은 자사주 매입 자체를 할 수 없는 경우가 많습니다. 이런 분들은 어떻게 하는 것이 좋을까요? 이분들은 자신이 근무하는 회사의 업종과 유사한 상장법인에 투자하는 것이 좋습니다. 예를 들어 비상장 반도체 업종에 근무하는 직장인이라면 반도체업종의 대표주인 삼성전자 주식을 사는 것이 잘 모르는 다른 주식을 사는 것보다 나을 것입니다. 자동차업종에 근무하는 직장인이라면 자동차업종의 대표주인 현대차 주식을 사는 것이 다른 주식을 사는 것보다 나을 것입니다. 왜냐하면 자신이 일하는 회사와 유사한 회사가 잘 아는 주식이 될 수 있기 때문입니다. 특히 주식투자는 손실위험이 클 수 있기 때문에 잘 알지 못하는 업종이나 주식에 투자하는 것은 피하는 것이 상책입니다. 당신이 직장인이라면 잘 모르는 주식 찾느라 시간과 비용을 들이지 않았으면 좋겠습니다. 아래 업종별 대표주(1등주)를 소개하오니 이중에서 자신이 근무하는 회사와 같은 업종의 주식을 선택하여 투자하면 될 듯합니다. 주식은 대표주 또는 일등주 중심으로 심플하게 투자하시고, 나머지 시간과 여력은 직장에서 자신의 본업에 충실하는 것이 바람직하다고 봄니다. 왜냐하면 본업을 통하여 매월 받게 되는 월급의 수익률이 가장 높기 때문입니다.

국내 주식 업종별 대표주(예시)

업종	대표주식	업종	대표주식
전기전자	삼성전자	건설	현대건설
운수장비	현대차	은행	KB금융
철강금속	POSCO홀딩스	인터넷	NAVER
통신	SK텔레콤	게임	엔씨소프트
화학(2차전지)	LG에너지솔루션	의약품	삼성바이오로직스
유통업	삼성물산	음식료	CJ제일제당

직장인도 부자가 될 수 있는 월급세팅법

직장인의 알짜 재레크,
우리사주제도

직장인이 자사주를 사는 방법은 두 가지 방법이 있습니다. 첫 번째 방식은 주식계좌를 개설하여 일반적인 주식 사듯이 자사주를 취득하는 방법입니다. 다른 회사 주식이 아닌 자기 회사 주식을 산다는 차이만 있을 뿐 일반적인 주식투자 방식과 차이가 없습니다. 두 번째 방식은 우리사주제도를 활용하여 자사주를 취득하는 방법입니다. 이 방법은 회사 내에 우리사주조합이 설립되어 있어야 가능합니다. 일반적으로 상장법인은 우리사주조합이 이미 설립되어 있기 때문에 상장법인에 근무하는 직장인이라면 우리사주조합을 이용하여 자사주를 매입할 수 있습니다. 저는 우리사주제도를 활용하여 자사주를 매수하는 것이 더 유리하다고 생각합니다.

우리사주제도는 '우리 회사 주식 소유제도'의 줄임말입니다. 기업 또는 정부가 정책적 지원을 하여 직장인 자신이 근무하는 회사의 주식을 취득 및 보유할 수 있게 하는 것으로 '종업원 주식소유제도'라고도 합니다. 우리사주제도는 그 제도의 취지뿐 아니라 효과 면에서도 아주 유용한 재테크방법이 될 수 있습니다.

직장인 입장에서 보면, 우리사주제도를 통하여 월급 이외의 초과수입을 기대할 수 있습니다. 근로자가 자기 회사의 주식을 사두면 월급과는 별도로 회사의 성장에 따른 배당소득과 주가 상승에 따른 매매차익을 기대할 수 있기 때문입니다. 더욱이 급여나 인센티브를 현금이 아닌 주식으로 받는 경우에는 원래 급여수준을 훨씬 초과하는 급부가 될 수도 있습니다. 조합원이 자사주 매입에 들어간 돈에 대하여 연간 400만원까지 소득공제 됩니다. 자사주가 배당금을 지급하는 경우 액면가액 기준 1,800만원까지 비과세 됩니다.

회사가 잘되면 사업주나 회사만 큰돈을 버는 것이 아니라 자사주를 가지고 있는 직원들도 목돈을 손에 쥘 수 있게 됩니다. 자기 회사의 주가가 올라가면 그만큼 자본소득이 높아지는 것이므로 회사에 대한 주인의식도 생기고 일하는 것도 더욱 재미있어질 것입니다. 기업 입장에서도 우리사주제도는 매우 유용합니다.

무엇보다도 근로자 자신이 잘해야 회사의 주가도 올라가기 때문에 임직원들의 애사심도 커지고 생산성도 좋아질 수 있습니다. 당연히 노사분규와 같은 마찰보다는 노사가 협력적 관계를 형성하고자 노력하게 됩니다. 또한 우리사주제도는 기업자금의 조달이나 적대적 M&A에 대한 방어수단으로 활용할 수도 있습니다. 우리사주조합에 대한 회사출연금 전액에 대하여 손비인정을 받을 수 있어 절세효과도 있습니다.

상법상 주식회사의 근로자는 회사와 협의하여 자율적으로 우리사주조합을 설립할 수 있습니다. 자신의 회사에 우리사주조합이 있다면 그것을 활용하고, 없다면 〈한국증권금융〉의 〈우리사주지원센터(www.ceso.or.kr)〉의 도움을 받으면 됩니다. 자본시장법은 코스피시장에 상장된 법인의 경우 우리사주조합원에게 공모주식의 20%를 우선 배정하도록 하고 있습니다. 코스피상장법인의 직장인인 경우 자기회사의 공모주식을 배정받아 대박을 낸 경우도 많습니다. 당신이 직장인이라면 월급 외에도 회사주식을 통하여 자산을 불릴 수 있는 기회를 잡으시기 바랍니다.

스톡옵션으로
대박난 직장인들

　2020년 6월말 기준 기업데이터연구소 CEO스코어분석에 따르면 상장법인 전현직 임직원이 스톡옵션 행사를 통해 얻은 이익은 무려 9,794억원이나 된다고 합니다. 스톡옵션 행사로 얻은 이익은 김종흔 데브시스터즈 대표 475억원, 여민수 카카오 전 대표가 362억원, 김형준 크래프톤 프로듀서 299억원, 김신규 하이브매니지먼트 총괄 275억원 등 대박입니다. 스톡옵션은 대표나 임원 뿐 만 아니라 일반직원이 받는 경우도 많습니다. 코스닥 법인인 아프리카TV는 2018년 3월 23일 임원 3명 직원 122명에게 각각 자사주에 내한 스톡옵션을 최소 1,000주에서 20,000주까지 부여하였습니다. 당시 아프리카TV 스톡옵션의 행사가격은 26,800원이었는데, 3년 후인 2021년 11월 아프리카TV의 주가는

249,100원까지 올랐습니다. 행사가격 대비 829%가 상승한 것이지요. 만약 이때 스톡옵션을 행사했다면 이들이 얼마나 벌 수 있었을까요? 스톡옵션 1,000주 받은 직원은 2억원, 5,000주 받은 직원은 11억원, 20,000주 받은 직원은 무려 44억원의 차익을 얻을 수 있었습니다.

2007년 3월 28일의 〈NHN〉 공시를 보면, 〈NHN〉의 임직원들이 스톡옵션(주식매수선택권) 행사로 대박이 났다는 것을 알 수 있습니다. 2005년 3월에 부여한 스톡옵션 165만 주 가운데 150만 주가 권리행사를 결정했습니다. 당시 스톡옵션의 행사로 김범수 미국대표는 322억 원, 그리고 최휘영 대표와 김정호 중국대표, 천양현 일본대표도 각각 161억 원의 평가차익을 거두었습니다. 허홍 재무담당이사와 문태식 전 〈NHN게임즈〉 대표는 각각 96억여 원을, 이석우 경영정책담당은 32억여 원의 차익을 남겼습니다. 임원뿐 아니라 일반직원 52명도 평균 10억 원 이상의 차익을 남긴 것으로 알려지고 있습니다.

스톡옵션이란 법인의 설립과 경영, 기술혁신 등에 기여했거나 기여할 능력을 갖춘 임원 또는 직원에게 자기회사의 주식을 정해진 행사기간 내에 행사가격으로 행사할 수 있게 하는 권리를 부여한 것입니다. 용어들이 좀 생소하죠? 쉽게 말하면 자사주를 싸게 살 수 있는 권리를 부여하는 것이 스톡옵션이라고 생각하면 됩니다.

일반적으로 주가가 스톡옵션의 행사가격보다 높아지면, 행사가격에 매수하여 시가에 매도함으로써 차익을 얻을 수 있습니다. 일정기간이 지나서 회사의 주가가 오르면 스톡옵션을 받은 임직원들도 이른바 '대박'이 납니다. 이러한 스톡옵션을 받을 수 있는 사람은 해당법인의 임원뿐 아니라 직원도 가능하고, 심지어는 계열사의 임직원도 대상이 될 수 있습니다. 스톡옵션을 받은 직원들은 권리를 행사함으로써 이익을 얻을 수 있고, 또 그러기 위해서는 주가가 올라야 하기 때문에 회사의 전체적인 실적 확대를 위해 노력하게 됩니다. 따라서 기업의 입장에서도 일석이조의 제도라고 할 수 있겠습니다.

이렇듯 스톡옵션은 임직원의 재테크뿐 아니라 회사의 측면에서도 유리한 점이 많습니다. 첫째, 급여나 보너스를 주식으로 지급하므로 회사는 현금지급의 부담을 덜게 됩니다. 또한 주식을 받은 직원의 생산성과 회사에 대한 충성도가 높아집니다. 벤처기업 직원의 경우에는 스톡옵션을 행사로 얻은 시세차익이 5천만 원 이내라면 비과세되므로 소득효과가 매우 큽니다. 둘째, 스톡옵션을 이용하면 고급인력의 유치에 유리합니다. 회사가 성장하면 대박을 잡을 수 있다는 식의 동기부여가 되기 때문입니다. 셋째, 스톡옵션은 중장기적으로 적대적 M&A에 대한 예방책이 될 수 있습니다. 상식적으로 임직원들이 스톡옵션으로 보유하고 있는 지분만큼의 의결권은 경영진에게 우호적일 것이기 때문입니다. 우리나라도 이제는 스톡옵션을 주는 회사가 많아졌고, 실제로 임직원들에게 대박 또는 짭짤한 종잣돈을 만들어주는 사례가 많이 탄생하고 있습니다. 단점이 없는 것은 아니지만 직장인의 입장에서 보면 장점이 더 많으므로 점점 더 확대되어 일반화되기를 기대해 봅니다.

이처럼 직장인은 단지 직장에서 월급만 기대할 수 있는 것이 아닙니다. 직장인 자신의 노력으로 자사주 매입을 통하여 수익을 낼 수도 있고, 우리사주조합을 통해 자사주를 매입함으로써 주식매매차익 외에 절세효과도 누릴 수 있습니다. 또 상장이 예정된 법인에 근무하는 직원이라면 자기회사의 공모주를 배정받아 대박을 내는 경우도 자주 있습니다. 자신의 역량을 발휘하여 회사에 대한 기여도가 높아지면 스톡옵션을 받아 한순간에 경제적 자유를 보장받을 수도 있습니다. 직장인의 생활이 쉽지 않고 월급이 만족스럽지 못하다 해도 자영업자보다는 훨씬 낫습니다. 또 직장인은 월급 외에도 자사주, 공모주, 스톡옵션 등 다양한 재테크 수단들이 있습니다. 그러기에 이왕이면 즐겁게 희망을 가지고 직장생활을 했으면 좋겠습니다.

Part 3

자산 관리

자산관리에 대한 기준이 명확하다면
최고의 전문가를 찾아 목맬 필요가 없다

초보운전자가 최고의 자동차를 샀다고
베스트 드라이버가 되는 것은 아니듯이
초보투자자가
최고의 전문가를 만났다고
성공 투자자가 되는 것이 아니다.

나에게 가장 필요한 것은
최고의 전문가가 하라는 대로 하는 것이 아니라
내가 나의 기준대로 실행하는 것이다.

남이 만든 기준으로 성공하기는 힘들다.

성공하려면

기준도 내가 만들어야 한다.

전문가는

내 기준에 맞게 실행할 수 있도록

보조해주는 사람일 뿐이다.

Chapter 01

선택의 기로,
자산관리
기준잡기

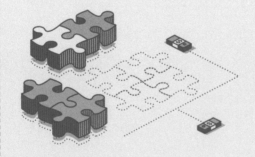

부자로 살 것인가?
중산층으로 살 것인가?

언제부턴가 대한민국은 부자열풍에 휩싸여 있습니다. 그러나 실제로 부자가 된 사람은 별로 없습니다. 그게 현실이죠. 현실적인 대안은 부자가 되는 것보다 현명한 중산층이 되는 것이라는 생각이 듭니다. 대단한 지도자도 있고 엄청난 부자도 있지만 그들이 세상의 중심이라고 할 수는 없습니다. 세상은 중산층이 생각하는 방향으로 움직입니다.

부자열풍에 흥분될 것이 아닙니다. '실현 가능한 중산층의 반열에 얼마나 빨리 오르느냐?' '중산층을 계속 유지하고 얼마나 더 행복하게 보낼 수 있느냐?'에 초점이 맞추어져야 합니다. 왜냐하면 부자라고 반드시 행복한 것은 아니기 때문이죠. 그렇다고 가난해도 된다는 것은 절대 아닙니다.

　우리나라 갑부인 재벌가의 사람들이 행복할까요? 유명 연예인으로 큰 부를 이룬 사람이 행복할까요? 꼭 그런 것은 아닌 듯합니다. 그들은 중산층처럼 길거리를 맘 놓고 활보할 수도 없습니다. 재산싸움과 명분 만들기에 맘 편히 쉴 수 없는 부자도 있습니다. 세금 때문에 스트레스 받고, 자기 돈을 뺏길까봐 누구든 의심부터 하는 부자도 있습니다. 기득권을 지키기 위해 중산층보다 훨씬 더 힘들고 불행한 시간을 보내는 부자도 있고, 그들 중 일부는 극단적인 선택을 하기도 합니다. 제가 알고 있는 어떤 부자 사장님은 자기는 '돈만 빼고 다 걱정거리'라고 하더라구요. 물론 모든 부자가 그럴 것이라고 생각하는 것은 아닙니다. 또 부자가 비난받을 사람도 아닙니다. 여러분도 아시겠지만 훌륭한 부자가 참 많습니다. 마찬가지로 돈은 부자정도의 수준이 아니지만 훌륭한 중산층도 아주 많습니다. 부자에 대한 환상보다는 실현 가능한 목표를 세우고 현실적인 대안을 찾는 것이 현명하다고 생각합니다.

　부자가 되고 싶은 욕망은 누구나 있습니다. 돈이 우리가 살아가는데 꼭 필요합니다. 많을수록 좋은 여건을 만드는 것도 사실입니다. 하지만 돈 많은 부자가 되는 것은 현실적으로 쉽지 않습니다. 또 부자만 되면 무조건 행복이 보장되는 것도 아닙니다. 살잖아. 마찬가지로 분산투자의 목적은 높은 수익률을 얻기 위해서가 아니라, 손실이 나더라도 가능한 한 적게 나도록 하기 위한 것이야. 예컨대 삼성전자, SK텔레콤, 네이버가 손실이 났음에도 불구하고 4종목에 분산투자 한 결과 손실을 상쇄시킨 것은 분산투자의 결과야. 분산투자와 같은 안전장치는 손실을 줄이는데 목적이 있지만, 이 경우에는 운 좋게도 에코프로비엠이 큰 폭으로 상승한 덕분에 이익이 난 케이스라고 할 수 있어.

아들 주식투자해서 1년 동안 16% 수익 난 것이 많이 난 것이라고 볼 수 있나요? 쪽박이 될 수도 있는 위험부담을 감수하고 주식투자하는 것인데 그래도 수익률이 50%는 넘어야 하지 않을까요?

아빠 참, 욕심도 많다. 누적수익 2,700%의 신화를 만든 세계 최고의 펀드매니저가 있어. 마젤란펀드를 운용했던 피터린치라는 분이지. 그분의 연평균수익률이 29%야. 그런데 1년에 50%의 수익률을 기대하는 것이 말이 돼? 더욱이 주식시장이 하락할 때는 투자전문가인 펀드매니저들도 손실을 피할 수 없어. 너는 지금 16% 수익 난 것이 적다고 생각하고 있는데, 이 기간 동안 종합주가지수KOSPI를 보면 2,757p에서 2,476p로 10% 이상 하락했던 기간이었어. 그런 기간에 수익을 낸 것만도 운이 좋았던 것이고, 정말 감사하게 생각해야 해.

아들 아. 제 생각이 짧았군요. 그러면 분할투자하면 어느 정도 손실을 줄일 수 효과가 있나요?

아빠 손실을 얼마나 줄일 수 있는지는 해당주식의 종목의 변동성, 분할횟수 등에 따라 달라. 변동성이 큰 종목일수록 분할투자를 하면 할수록 손실을 줄일 수 있어. 또 분할투자 횟수를 늘리면 늘릴수록 손실을 줄일 수 있어. 추천종목을 1년 동안 1회만 투자한 경우와 1년 동안 2회 분할투자 한 경우를 비교해 볼게.

1년 동안 1회만 매수한 경우 수익률은?

종목	매수시 주가 (2022. 3. 31)	1년 후 주가 (2023. 3. 31)	수익률
삼성전자	69,600	64,000	-8%
SK텔레콤	56,900	48,300	-15%
NAVER	340,500	202,000	-41%
에코프로비엠	98,300	224,500	128%

1년 동안 1회만 투자한 경우 수익률을 보면 삼성전자 -8%, SK텔레콤 -15%, 네이버 -41%, 에코프로비엠 128%야. 참으로 처참하지? 그런데 2번에 걸쳐 분할투자 한 경우 어느 정도 손실

이 줄었는지 한번 확인해 볼게. 아래 표를 한번 봐. 각 종목을 6개월 간격으로 2차에 걸쳐 분할 매수한 결과야.

1년 동안 2회 분할투자 한 경우 수익률은?

종목	1차 분할매수주가 (2022. 3. 31)	2차 분할매수주가 (2022. 9. 30)	평균 매수단가	1년 후 주가 (2023. 3. 31)	수익률
삼성전자	69,600	53,100	61,350	64,000	4%
SK텔레콤	56,900	50,800	53,850	48,300	-10%
NAVER	340,500	193,500	267,000	202,000	-24%
에코프로비엠	98,300	88,100	93,200	224,500	141%

보시다시피 1회만 투자한 것보다 손실이 줄었잖아. 2회 분할 매수했더니 삼성전자는 4% 수익이 났고, SK텔레콤은 -15%에서 -10%로, 네이버는 -41%에서 -24%로, 에코프로비엠은 128%에서 141%로 바뀌었어. 이처럼 주식시장 하락장에서 분할투자하면 손실률을 줄일 수 있어.

아들 주식시장이 하락할 때는 1회 매수보다 여러 번 분할매수가 손실을 줄일 수 있어서 좋다는 것은 알겠어요. 그런데 주식시장이 상승할 때는 1회 매수가 여러 번 분할매수하는 것보다 수익이 더 크지 않을까요?

아빠 그렇지. 네 말이 맞아. 그런데 말야. 1년 후에 주식시장이 상승할지 하락할지 알 수 있는 사람이 있을까? 아무도 몰라. 분할투자하면 주식시장이 하락하든 상승하든 유리한 점이 있어. 만약에 1년 후 주식시장이 상승한 경우, 1회만 투자하는 것보다 수익률을 적을 수 있지만 그렇다고 손해를 보는 것은 아니야. 그러니까 괜찮은 거지. 한편 1년 후 주식시장이 하락한 경우라면, 1회 투자한 사람보다 손실 폭을 훨씬 많이 줄일 수 있어. 그래서 향후 다시 주식시장이 상승을 시작하면 보다 빨리 원금이 회복되고, 수익률도 좋아질 수 있어. 1년에 1회만 투자한 사람은 향후 주식시장이 상승한 경우에는 좋지만, 하락한 경우에는 엄청난 손해를 볼 수도 있어. 하지만 분할투자한 사람은 주식시장이 상승하면 합리적인 수익을 기대할 수 있고, 주식시장이 하락해도 큰 손실은 면할 수 있으니 안정적인 자금관리가 가능해지지.

아들 장기투자하면 손실도 줄어드나요?

아빠 통상 주가는 단기적으로는 등락을 거듭하지만 장기로 갈수록 올라가는 추세를 보여줘. 그러니 단기적으로는 손실이 나더라도 장기 보유하면 언젠가 원금회복하고, 수익을 낼 수도 있는 것이지. 특히 우량대형주의 경우에는 손실이 커도 장기보유하면 모두 회복되는 경우가 많아. 아래 표를 통하여 추천종목 4개를 6

개월 보유한 경우와 1년 보유한 경우의 수익률을 비교해 보았어.

6개월 투자수익률 vs 1년 투자수익률 비교

종목	6개월 투자 수익률			1년 투자 수익률		
	2022. 3. 31 주가	2022. 9. 30 주가	수익률	수익률	2022. 3. 31 주가	2023. 3. 31 주가
삼성전자	69,600	53,100	-24%	-8%	69,600	64,000
SK텔레콤	56,900	50,800	-11%	-15%	56,900	48,300
NAVER	340,500	193,500	-43%	-41%	340,500	202,000
에코프로비엠	98,300	88,100	-10%	128%	98,300	224,500

　투자기간이 6개월보다는 1년이 장기이잖아. 그리고 통상 장기 투자가 손실을 줄여줄 수 있다고 했지. 삼성전자 6개월 투자수익률은 -24%인데, 1년 투자수익률은 -8%야. 네이버 6개월 수익률은 -43%인데 1년 수익률은 -41%, 에코프로비엠 6개월 수익률은 -10%인데 1년 수익률은 급상승 반전하여 128%야. 추천종목 4종목 중 3종목은 손실이 줄었거나 이익으로 전환되었어. SK텔레콤은 오히려 손실이 좀 늘기는 했지만, 투자기간을 2년 혹은 3년으로 늘리면, 손실이 줄어들 가능성이 클거야. 주가는 사이클(상승->하락->상승->하락)이 있어서 하락추세에 있기도 하지만, 장기투자하다 보면 주가가 상승추세에 접어드는 시기가 있어. 그때까지 기다리면 손실은 줄어들 가능성이 크고, 손실이 회복되면 수익

으로 전환될 가능성이 커지는 것이지. 따라서 보유종목이 손실 중이라도 대형우량주라면 장기투자로 대응하는 것이 유리하다고 볼 수 있어.

Chapter 04

수익 대박?
'우리 회사'에
답이 있다!

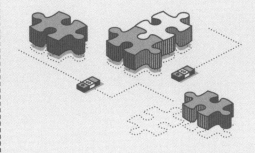

그저 무심했을 뿐, 1때월 수익률 200% 발견!

딸 빨리 1억원 만들고 싶은데, 수익률이 가장 높은 것이 뭔가요?

아빠 넌, 수익률이 어느 정도 되어야 만족하겠니?

딸 연 20% 정도 되었으면 좋겠어요. 하하. 그게 쉽지는 않겠죠?

아빠 아니, 연 20%가 아니라 월 200%도 가능해. 뿐만 아니라 무자본으로 할 수 있지.

딸 헐~ 정말요? 연 20%도 아니고 월 200%라구요? 어떻게요? 저도 가능한가요?

아빠 당근이지. 하하. 너도 충분히 200% 수익률을 낼 수 있어.

딸 그 방법 빨리 가르쳐 주세요!

아빠 직장에 다니는 사람이라면 누구나 할 수 있어.

딸 엥? 직장에 다니면서 어떻게 월 200% 수익을 내요? 회사 일 하기도 바쁜데…

아빠 매달 네가 회사 다닐 때 들어가는 비용을 다 합하면 얼마나 되지?

딸 교통비, 식비 등 이것저것 모두 다 합하면 150만원 정도 될 것 같아요.

아빠 그럼 네가 한달 근무하면 회사에서 얼마 받지?

딸 300만원 정도요.

아빠 그러면 150만원의 비용을 투자해서 300만원 받는 거잖아. 월급 300만원 중 비용투자 150만원을 감안하더라도 150만원이 불어난 것이잖아. 한 달에 150만원 쓰고 150만원 불어났으니 한달 투자수익률은 100%인 셈이지. 이처럼 높은 수익률을 매달 실현할 수 있는 상품은 어디에도 없단다. 회사에 다니는 직장인이라는 상품이 월급을 통하여 가장 높은 수익을 내는 거야.

딸 에이~ 그건 당연한 것이잖아요.

아빠 그것을 당연하다고 생각해서 대부분의 직장인은 월급의 고마움을 모르는 경향이 있어. 2021년 통계청 자료에 의하면 직장인의 월평균소득은 333만원인데 자영업자의 월평균소득은 163만원에 불과해. 직장인은 무자본으로 수입을 발생시키지만 자영업자는 자기자본을 투자하여 수입을 발생시키는데도 수입은 직장인의 절반에 불과하지. 더욱이 자영업자의 12%는 매월 적자(손해)를 보고 있어.

딸 직장생활이 힘들다고만 생각했는데 자영업자와 비교해보니 꼭 그런 것만은 아니군요. 그리고 내가 한 일에 대한 월급의 수익률이 이렇게 높을 수 있다는 것을 생각해 본 적이 없는 것 같아요.

아빠 그래. 월급의 수익률을 제대로 알지 못하는 사람들은 주식, 부동산 등에서만 대박을 기대하는 것 같아. 그런데 사실은 나의 시간과 용역을 제공한 직장의 월급이 가장 높은 수익을 만들어 주지. 물론 주식 또는 부동산 투자로 대박난 분들이 있기는 하지. 하지만 극소수에 불과하고 대부분은 그렇지 않지. 20여년 직장생활 했던 아빠의 경우도 수익 총액으로 본다면 투자수익보다는 월급수입이 더 높아. 그런 면에서 무자본인 나에게 매월 월급을 주었던 나의 직장을 감사하게 생각해.

딸 그렇군요. 아빠가 월급세팅이 중요하다고 한 이유를 알 것 같아요. 한동안 회사에 대한 불만이 많고 다니기 싫기도 했는데, 다시 생각해보니 가장 높은 수익을 주는 곳이네요. 하하!

아빠 네가 빨리 1억원을 만들고 싶다고 했지. 하지만 지금 당장은 어떤 것으로도 그것을 만들기는 힘들잖아. 네가 지금 매월 쓰는 돈 150만원에서 50만원만 줄일 수 있다면, 월급수익률을 200%까지 올릴 수 있어. 다시 말하자면 월급 300만원 중 100만원만 쓰고, 200만원을 저축하는 거지. 그리하면 4년 후 1억원을 만들 수 있어. 만약 월급이 더 오르거나 성과급을 받는다면 3년 만에 1억원을 만들 수도 있겠지. 무엇보다도 월급수익률이 다른 어떤 상품의 수익률보다 높다는 것을 잊지 말았으면 좋겠어.

딸 갑자기 직장에 충성하고 싶은 생각이 막 몰려드는데요. 하하.

아빠 당근이지. 만약 월급 300만 원 받는 직장인이 6개월 쉰다면 2,400만 원을 손해보는 것이라고 할 수 있어. 6개월 치 월급 1,800만 원을 못 받게 되고, 월 생활비로 100만원씩 썼다면 추가로 600만 원의 손해가 발생하기 때문이지. 그러면 매월 월급대비 130% 마이너스야. 직장인이 직장을 쉬는 것은 매월 200% 대박상품을 -130%로 깡통으로 만들고, 그간의 월급세팅까지 무너뜨릴 수 있다는 점을 명심해.

직장인도 부자가 될 수 있는 월급세팅법

자사주 투자,
월급을 뛰어넘을 수도!

딸 오늘 뉴스를 보니 어떤 회사 임직원들이 자사주를 매입한다고 하던데, 이게 무슨 말인가요?

아빠 자사주는 '자기회사 주식'을 말해. 자사주 매입은 자기회사 주식을 사는 것을 말하는 것이지. 만약 네가 삼성전자 직원인데, 삼성전자 주식을 산다면 이걸 자사주 매입한다고 하는 거지. 자사주 매입은 회사가 자기회사의 돈으로 자기회사 주식을 사는 경우가 일반적인데, 임직원이 사는 경우도 있어.

딸 자사주보다 더 좋은 주식을 골라서 사는 것이 더 낫지 않나요?

아빠 그럴 수도 있지. 하지만 비전문가인 직장인은 어떤 주식이 투자할 만한 주식인지 정확하게 판단하기가 힘들잖아. 하지만 자사주에 투자하면 여러 가지 좋은 점이 많아. 자사주를 사면 회사의 주주가 될 수 있어. 다시 말해 회사의 주인이 되는 것이지. 잘 모르는 주식에 투자하는 것보다 자사주에 투자하는 것이 투자판단도 쉽고 손실위험도 적어져. 회사가 잘 되어야 자사주도 올라가므로 회사 일에 충실할 수 있지. 뿐만 아니라 우리사주조합원이 되어 자사주를 매입하면 연간 400만원까지 소득공제 혜택이 있어.

딸 자사주 매입으로 대박 난 사람이 있나요?

아빠 정의선 현대차그룹 회장은 2020년 3월 자사주인 현대차 주식을 평균단가 69,793원에 매입했는데 2021년 1월 현대차 주가는 289,000원까지 올라갔어. 10개월 만에 314%가 상승했어. 그분이 대주주라서 최고가에 팔지 않았지만, 오늘 현재(2023.3.31.) 현대차 주가가 184,500원이니까 아직도 164%의 평가차익을 내고 있는 셈이지.

딸 정의선 회장은 현대차의 최고 수장이시니 주가가 어떻게 될지 잘 알아서 그런 거 아닌가요? 일반 직원은 자사주 사는 시점을 잡기 힘들 것 같아요. 회장님이 자사주 사는 시점을 알려 준다면 모르겠지만, 그런 것을 알려주지 않을 것 같은데요.

아빠 회장님이 자사주 사는 시점이 언제인지 알려주지 않아도 알 수 있어. 상장법인의 대주주나 임원들이 자사주를 사게 되면 반드시 '공시'하게 되어 있어. 그래서 자기회사의 공시내용을 확인해 보면 대주주나 임원이 언제 자사주를 사는지 알 수 있어.

딸 와우! 그런 공시는 엄청 귀한 정보인 것 같은데요. 저도 이런 정보를 활용해서 주식으로도 대박 냈으면 좋겠어요. 하하.

저의 지인 중에는 대기업에서 꽤 잘나가는 회사에 다니는 사람도 있고, 별로 알려지지 않는 일반 법인에 다니는 사람도 있습니다. 그런데 대부분 자기 회사에 진정 애착이 있는 사람은 별로 없는 듯합니다. 오히려 자신의 회사에 대해 불만을 가지고 있는 더 사람이 많습니다. 하지만 이는 그리 좋은 태도가 아닌 듯합니다. 직장인으로서 부자가 되려면 일단 '내가 다니는 회사가 나를 부자로 만들어 줄 수 있다'라고 생각해야 합니다. 왜냐하면 100% 이상의 월급수익률을 기대할 수도 있고, 100% 이상의 자사주 수익률도 기대할 수 있기 때문입니다.

요즘에는 직장인들도 대부분 주식투자를 하는 것 같습니다. 그런데 투자종목에 대하여 잘 알지 못하면서 투자하는 경우가 많습니다. 직장 내에서 자신의 업무를 하느라 제대로 종목분석을 하기 힘들기 때문이죠. 하지만 자신이 다니는 회사에 투자하는 경우는 그럴 필요가 없겠지요. 누구보다 회사에 대하여 잘 알기 때문에 잘 모르는 회사에 투자하는 것보다는 훨씬 유리한 것이 당연합니다. 자사주에 투자하는 경우에는 투자종목을 고르기 위해 애쓸 필요도 없고, 투자 타이밍도 다른 종목에 비하여 쉽게 잡을 수 있습니다. 그렇기 때문에 직장인 자신도 주식투자에 신경쓰기보다 회사의 일에만 집중할 수 있습니다.

자신이 잘 알지도 모르는 주식에 손대면 직장에서 자신의 업무도 소홀해지기 쉬울 뿐 아니라 주식투자에서도 실패할 확률이 큽니다. 당신이 상장법인에 근무하는 직장인이라면 스스로 계좌를 개설하여 자사주를 매입하거나, 우리사주조합을 통하여 자사주를 매입하는 것이 좋은 재테크 방법이 됩니다. 다만 자사주를 매입하는 경우 주의할 것이 있습니다. 자사주를 매입하는 경우 6개월 이내에 샀다 팔았다 하면서 단기매매차익을 얻은 경우, 자본시장법에 의하여 그 이익을 추징당하는 경우가 있습니다. 그러므로 자사주는 1년 이상 보유하겠다는 생각을 가지고 투자해야합니다. 또 우리사주제도를 이용하여 자사주를 매입하는 경우에

기가 어려워질수록 더 많은 사람들이 부자를 꿈꾸곤 합니다. 그러나 최소한 확률적으로는 허황된 꿈일 수도 있습니다. 왜냐하면 대부분은 부자가 되지 않기 때문이죠. 좀 더 현실적인 대안을 찾아야 합니다. 그것은 일단 실현 가능하고 행복한 중산층으로 사는 것입니다. 부자가 될 수 있느냐는 그다음의 문제입니다.

경제협력개발기구OECD가 정의한 중산층은 균등화 중위소득 75~200% 사이 소득계층을 말하는데요. 통계청 자료에 의하면 우리나라의 경우 중위소득(2022년 기준)은 4인 가구 기준 512만원이며, 소득범위는 월 385만원~1천20만원이입니다. 그리고 NH 100 세시대연구소에서 발표한 '2022 중산층보고서'에 의하면 우리나라 사람들은 '월소득(4인가구 기준)이 686만원은 되어야 중산층'이라고 생각한다고 조사되었습니다.

우리나라 중산층의 가구의 월소득은 얼마나 될까?

구분	2022년 기준 중위소득(월)	중위소득(월) 75%~200%
1인 가구	194만원	146만원~390만원
2인 가구	326만원	245만원~650만원
3인 가구	419만원	315만원~840만원
4인 가구	512만원	385만원~1,020만원
5인 가구	602만원	450만원~1,200만원

최근 경제불안이 심화되면서 저소득서민이 중산층으로 올라가기 힘들어지고, 기존 중산층도 점차 붕괴되고 있다고 합니다. 그래서 부자 재테크보다 중산층 재테크가 더 중요합니다. 부자는 되기 힘들어도 중산층은 노력하면 누구나 될 수 있고, 누구든지 유지할 수 있다고 보기 때문입니다.

아직 중산층 기준소득에도 이르지 못한 사람은 주식대박이나 로또 1등을 기대할 것이 아니라 투잡, 자기계발 등으로 일단 중산층의 기준 중위소득에 도전해야 할 것입니다. 기준 중위소득을 달성했다면 중위소득의 상단에 도전해야 할 것입니다. 아래 표는 제가 2022년 통계청 자료를 참고하여 중산층 목표기준을 세워본 것입니다. 이것은 월소득 목표기준에 대한 예시이므로 절대적인 것은 아닙니다만, 여러분이 계획을 세울 때 참고할 수 있는 기준이 될 수 있다고 생각합니다.

우리집의 월소득 목표 기준은 얼마나 잡아야 하나?

구분	1차 목표 기준	2차 목표 기준
1인 가구	200만원	390만원
2인 가구	330만원	650만원
3인 가구	420만원	840만원
4인 가구	510만원	1,020만원
5인 가구	600만원	1,200만원

직장인도 부자가 될 수 있는 월급세팅법

자산이 어느 정도 되어야 부자일까요? KB경영연구소의 2022년 한국부자보고서에 의하면 한국부자들은 총자산 100억원 이상 있어야 부자라고 생각한다고 조사되었습니다. 부자는 통상 부동산 및 금융자산이 많은 분들입니다. 2022년 기준으로 한국부자의 자산비중은 살펴보면 부동산자산은 57%, 금융자산은 39%로 조사되었습니다. 단순히 생각하면 한국부자들은 최소 부동산 57억원, 금융자산 39억원 이상 보유하고 있다는 것이지요. 이 보고서에 근거하여 냉철하게 생각하면 대부분의 사람들은 부자가 되기 힘듭니다. 우리 주변에 과연 10억원도 아니고 100억원을 보유하게 될 사람이 몇이나 될까요? 100억원 부자가 되지 못하면 우리는 불행할까요? 제 생각에는 100억원 부자가 되지 못하더라도, 중산층 월소득 2차 목표기준을 달성한다면 부자 못지않게 충분히 행복하게 살 수 있다고 생각합니다. 실현가능성 측면에서 생각해 보자구요. 내가 만약 1인 가구 직장인이라고 가정할 때 100억원을 만들기는 현실적으로 어렵습니다. 하지만 투잡이나 자기계발을 통해 월수입 390만원 이상 만들기는 충분히 가능하다고 생각합니다.

월수입을 늘릴 수 있으면 100억 부자도 부럽지 않습니다. 하지만 개인의 여건상 월수입을 늘이기 곤란한 직장인도 있습니다. 월수입이 일정하다면 자산을 늘리는 방법은 무엇일까요? 지출을 줄이든지 아니면 투자를 늘려야 합니다. 지출은 줄이고 투자는 높이면 가장 좋겠지요. 하지만 어느 하나만 선택할 수밖에 없다면 우선순위는 무엇일까요? 나는 투자라고 생각합니다. 지출을 줄이는 것은 한계가 있기 때문이죠.

예를 들어 오부장은 매월 5백만원 월급이 있는 데 이 중 4백만원을 지출한다고 가정해 보지요. 오부장이 마음먹고 지출을 줄이고자 한다면 얼마나 지출을 줄일 수 있을까요? 기본적인 필수소비가 있기도 하고, 평소 소비습관 때문에 1백만원 이상 줄이기가 힘들 것입니다. 지출을 줄이는 것은 자산증식에는 소극적일 수밖에 없습니다. 하지만 투자는 1백만원이라는 한계가 없습니다. 투자에 성공하면 1백만원을 벌수도 있고, 1천만원을 벌수도 있습니다. 투자에서 성공하기 위해 투자공부를 병행해야 합니다. 우연한 투자성공은 오히려 잘못된 투자습관을 만들 수도 있기 때문입니다. 주식투자든 부동산 투자든, 소액이든 목돈이든 투자를 시작할 때부터 투자공부를 해야 합니다. 투자관련 책을 보아도 좋고, 괜찮은 유튜브나 교육콘텐츠를 이용하는 것도 좋습니다. 저는 시간 날 때마다 유튜브로 3프로TV, 월급쟁이부자들TV 등을 보고 있는데 정말 유용한 팁들이 많습니다.

중산층이 되고 나면 근검절약을 지나치게 강조하기보다 건전한 소비를 늘리는 것이 좋다고 봅니다. 모든 사람이 근검절약에만 치중하면 우리나라 경제가 잘 돌아가지 않습니다. 돈이 돌아야 경제가 원활하게 돌아가게 됩니다. 돈은 피와 같아서 묶여 있으면 돈맥경화가 올 수 있고, 경제는 더 어려워지거든요. 또 너무 아끼기만 하면 인색한 사람, 단절된 사람으로 인식될 수도 있습니다. 그렇다고 지출을 장려하는 것은 아닙니다. 아무 통제 없이 카드를 긁다보면 지출통제가 되지 않습니다. 적절하지 않은 지출은 줄여나가야 합니다. 최근 인터넷쇼핑을 습관적으로 하는 분들이 많습니다. 과소비나 충동소비는 하지 않아야 합니다. 매월 카드내역을 꼼꼼히 살펴보십시오. 적절하지 않은 지출은 줄여나가십시오. 그리고 그런 지출을 줄여 생긴 돈은 매월 말일 추가 투자자금으로 활용하십시오.

분산투자가 유리한가?
집중투자가 유리한가?

투자를 하는 이유는 수익을 내기 위함입니다. 하지만 손해가 날 수도 있지요. 투자에는 위험이 따르기 때문입니다. 투자는 위험을 감수하고 수익을 기대하는 행위라고 할 수 있습니다. 위험을 감수한다는 것은 투자에 실패하여 손해가 나도 인정한다는 것을 의미합니다. 그렇다고 위험으로 인하여 손해가 나도 좋다는 것은 아닙니다. 손해가 날 수 있음을 인정하지만, 가능하면 손해가 나지 않기를 바라겠지요. 그리고 손해가 나더라도 가능하면 적게 손해가 나기를 원하겠지요.

통상 재테크전문가들은 한 종목에만 집중투자하는 것은 위험하다고 합니다. 그 종목이 큰 수익이 날 수도 있지만 반대로 큰 손실이 날 수 있기 때문이지요. 여러 종목에 분산투자하면 위험이 줄어든다고 합니다. 손실이 난 종목이 있더라도 다른 종목에서 수익이 나면 손실을 커버할 수 있기 때문이지요.

그렇다면 광범위한 분산투자가 정답일까요? 반드시 그런 것은 아닙니다. 분산투자가 집중투자보다 좋다고 하는 근거는 위험을 더 줄일 수 있다는 점입니다. 위험의 관점에서 보면 분산투자가 유리해 보이지만, 수익의 관점에서 보면 집중투자가 유리할 수도 있습니다. 투자의 대가들도 각기 다릅니다. 가치투자의 창시자인 벤저민 그레이엄은 분산투자를 강조했지만, 그의 제자인 워렌버핏은 집중투자를 강조했습니다. 그러기에 어느 하나가 정답이라고 할 수는 없습니다.

이미 기술했듯이 투자위험은 두 가지가 있습니다. 투자위험은 투자자들이 항상 간과하는 것이기에 여기서 다시 한번 거듭 강조합니다. 대박보다 쪽박을 피하는 것이 더 우선이기 때문입니다. 투자손실위험 요인은 단 2개, 하나는 개별위험, 다른 하나는 시장위험이라고 이미 말했던 것 기억하시지요? 너무너무 중요해서 다시 한번 상기시키고자 합니다. 주식투자의 경우 개별위험은 해당 종목 자체에만 영향을 주는 위험을 말합니다. 예를 들면 삼성전자 공장에 불이 나서 생산에 차질이 생겼다면 이는 삼성전자의 개별적인 위험입니다. 삼성전자 공장에 불이 난 것이 포스코나 현대차 주식에 직접적으로 영향을 미치지 않습니다. 따라서 삼성전자 공장에 불이 나면 삼성전자 주가는 떨어질 수 있어도, 그로 인하여 포스코나 현대차의 주가가 떨어지는 것은 아닙니다. 이 경우 삼성전자 주식에만 집중투자 한 사람은 손해를 봅니다. 하지만 삼성전자, 포스코, 현대차에 나누어 투자한 사람은 포스코, 현대차에서 수익을 날 수도 있으므로 상대적으로 손실이 없거나 적을 수 있습니다. 이 경우 삼성전자 한 종목에 집중투자 한 것보다 세 종목에 분산투자하면 손실을 줄일 수가 있는 것이지요.

반면에 시장위험은 모든 종목에 영향을 끼치는 위험입니다. 예를 들어 원유값이 급등하면 우리나라 대부분의 주가가 떨어집니다. 유가의 상승은 삼성전자, 포스코, 현대차 등 거의 모든 종목에 영향을 주는 시장위험이기 때문입니다. 원자재 상승, 금리 상승, 환율 상승, 글로벌 금융위기 등은 시장 전체에 영향을 미치므로 시장위험이라고 합니다. 개별위험은 어느 한 종목에만 영향을 주는 위험인 반면, 시장위험은 모든 종목에 영향을 미치는 위험이라고 볼 수 있습니다. 분산투자를 했다고 하여 위험이 모두 줄어드는 것은 아닙니다. 분산투자를 해도 시장위험을 제거할 수 없기 때문이죠. 예를 들어 삼성전자, 포스코, 현대차에 나누어 투자했다고 해도 시장위험인 환율급등을 막을 수는 없습니다.

아무리 광범위한 분산투자를 하더라도 시장위험까지 모두 제거할 수는 없습니다. 우리는 2008년 글로벌 금융위기, 2020년 코로나 위기 등 매우 강력한 시장위험을 경험하기도 했습니다. 세계적으로 통합된 자본시장에서는 나라와 자산과 업종을 가리지 않고 모든 시장이 한꺼번에 타오르거나 동시에 얼어붙을 수도 있습니다. 글로벌 자본시장의 동조화가 심화될수록 분산투자의 효과는 줄어들 수 있습니다.

전업투자자들 중에서 특정 종목에 집중투자하여 대박을 내는 사례들이 있습니다. 그렇다고 집중투자는 무조건 한 종목에만 투자하는 것으로 생각하는 것은 잘못입니다. 실제 집중투자를 하는 전문투자자는 소수종목, 특정업종 등에 집중하여 투자하는 경우가 많습니다. 그래서 분산투자와 집중투자는 단순히 투자종목의 수로 구분하는 것이 맞지 않다고 봅니다. 실제로는 집중투자를 중시하는 투자자도 여러 종목에 투자할 수 있기 때문입니다. 예를 들어 소비재업종만 집중투자한다고 하면 소비재업종의 수십개 종목에 투자할 수도 있는 것이죠. 수십개 종목에 투자한다고 하여 무조건 분산투자라고 할 수는 없습니다. 분산투자는 성격이 다른 종목(상관관계가 적은 종목)에 나누어 투자하는 것을 의미하므로, 소비재업종에만 투자했다면 투자종목 수가 많더라도 분산투자라고 할 수 없는 것이지요. 소비재업종, 반도체업종, 자동차업종 등에 각각 10종목씩 30개 종목에 투자했다면 '분산투자' 했다고 할 수 있습니다. 하지만 소비재업종에만 30종목을 투자하는 것은 '집중투자' 한 것이라고 볼 수 있다는 것입니다.

꽃밭에는 꽃만 있으면 되지 잡초는 필요 없습니다. 집중투자를 강조하는 워렌버핏은 분산투자는 안전할지는 몰라도 수익률에 도움이 되지 않는다고 말했습니다. 그는 잘 아는 주식을 오래 보유하여 세계적인 갑부가 되었습니다. 그가 잘 아는 소수의 주식에 집중투자 한 것입니다. 워렌버핏의 투자원칙은 저평가된 가치주에 집중투자하는 것이라고 알려져 있습니다. 일반적으로 미국의 대형펀드가 100개 이상의 종목에 투자하는 반면, 워렌버핏의 펀드는 소수종목에 집중적으로 투자한다고 합니다. 아래 워렌버핏이 이끄는 버크셔해서웨이의 2022년 3분기 보유비중 상위 종목을 보면 알 수 있습니다.

버크셔해서웨이가 보유 중인 45종목 중 상위 5개 종목이 전체의 75%를 차지하고, 그중 애플 한 종목이 41.76%를 차지합니다. 광범한 분산투자보다는 소수종목에 집중투자 하고 있음을 알 수 있습니다. 1965~2022년까지 58년 동안 버크셔해서웨이의

워렌버핏은 어디에 집중투자 했나?

순위	종목	비중	순위	종목	비중
1	애플	41.76%	6	옥시덴털 페트롤리엄	4.03%
2	뱅크 오브 아메리카	10.30%	7	크래프트 하인즈	3.67%
3	셰브론	8.02%	8	무디스	2.03%
4	코카콜라	7.57%	9	액티비전 블리자드	1.51%
5	아메리칸 익스프레스	6.91%	10	기타 나머지 36종목	14.20%

연평균 수익률은 19.8%로 S&P500 지수 수익률(9.9%)보다 2배 높고, 1964~2022년까지 59년 동안 버크셔해서웨이의 누적수익률은 무려 378만 7,464%에 달한다고 합니다.

하지만 분산투자로 위험을 최대한 줄이라는 월가 고수도 있습니다. 전쟁발발 소식을 듣고 1달러 이하의 종목을 사들여 대박을 낸 존 템플턴이 대표적인 인물입니다. 헤지펀드의 제왕 조지 소로스도 분산투자를 강조했고, 윈저펀드를 만든 존 네프도 포트폴리오를 다양화하라고 강조했습니다. 20세기에는 워런버핏이 금융계를 선도했다면 21세기는 레이 달리오Ray Dalio가 금융계를 선도하고 있다고 해도 과언이 아닌데요. '사계절 포트폴리오 전략'은 바로 레이 달리오가 개발한 일종의 분산투자 전략입니다. 레이 달리오가 말하는 4계절이란 기대치 대비 경기와 물가를 조합한 4가지 상황을 의미합니다. 각 상황에 따라서 어떤 자산이 유리한지 아래 표에 정리하였습니다.

경기국면에 따라 수익이 기대되는 자산은 무엇인가?

구분	경기 상승	경기 하락
물가 상승	·주식 ·회사채 ·원자재 ·신흥국채권	·물가연동채 ·원자재 ·신흥국채권
물가 하락	·채권 ·물가연동채	·주식 ·채권

10년 기준으로 보면 경기는 상승하나 물가가 낮았던 시기도 있고, 경기는 하락하나 물가는 높았던 시기도 있고, 앞선 두 상황에 반대되는 때도 있었습니다. 이렇듯 특정 시기에는 경기가 기대보다 높거나 낮고, 물가도 기대보다 높거나 낮습니다. 하지만 앞으로의 경제 상황이 어떤 상황일지 아무도 알 수 없으므로, 어떤 상황에서도 위험을 방어하는 자산들로 포트폴리오를 구성하여 이를 대비하는 것이 바로 레이 달리오의 전략의 핵심입니다.

레이 달리오의 사계절 포트폴리오 전략을 상품별로 보면 5가지 상품군으로 분산되어 있습니다. 주식비중이 크지 않고 다양한 자산군에 골고루 분산되어 안정성을 강화한 것이 특징입니다.

이 전략은 주식(30%), 장기채(40%), 중기채(15%), 원자재(7.5%), 금

레이달리오는 어떤 비중으로 분산투자 하는가?

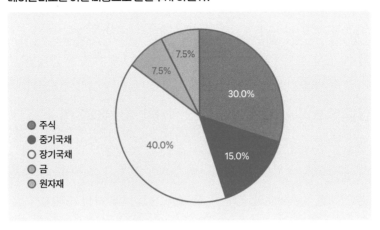

7.5%

7.5%

30.0%

● 주식
● 중기국채
○ 장기국채
● 금
● 원자재

40.0%

15.0%

(7.5%) 등으로 분산투자하는 전략입니다. 고수익을 추구하는 전략이기보다는 경기와 물가가 오르든 내리든 상관없이 큰 손실 없이 안정적인 수익을 기대하는 전략이라고 볼 수 있습니다. 사계절 포트폴리오는 2008년 금융위기와 2020년 코로나19 사태 때에도 안정적인 수익을 거두는 모습을 보여줬습니다. 이 전략을 통하여 레이 달리오의 펀드는 24년간 연평균 7.5%의 수익률을 꾸준히 기록한 것으로 알려져 있습니다.

광범위한 분산투자가 유리한가? 소수 집중투자가 유리한가? 성공투자 3원칙은 분산투자를 원칙으로 합니다. 하지만 분산투자가 반드시 정답이고 집중투자는 정답이 아니라고 말할 수는 없습니다. 투자자에 따라 투자에 대한 관점이 다를 뿐입니다. 분산투자가 '위험 최소화'에 초점을 맞추었다면, 집중투자는 '수익극대화'에 초점을 맞추었다고 볼 수 있습니다. 어느 것을 선택할 것인가의 문제이지 옳고 그름의 문제가 아닙니다. 자신의 투자성향에 따라 또는 시장상황에 따라 둘 중 하나를 선택하시면 됩니다.

투자성향이 위험선호형이라면 집중투자가 유리합니다. 집중투자는 고수익상품에만 집중할 수 있으므로 성공하면 수익률이 높지만 손실가능성도 크기 때문입니다. 반면, 투자성향이 위험회피형이라면 분산투자가 유리합니다. 분산투자는 성격이 다른 여러 자산에 투자하기 때문에 개별위험을 줄일 수 있기 때문입니다.

주식시장이 상승추세일 때는 주식에 집중투자하는 것이 유리합니다. 주식시장을 주도하는 업종에 집중적으로 투자하여 높은 수익을 기대할 수 있기 때문입니다. 반면 주식시장이 횡보 추세일 때는 분산투자가 유리합니다. 향후 주식시장이 상승하면 어느 종목이 상승할지, 향후 주식시장이 하락하면 어느 종목이 하락할지 불확실하므로 여러 업종과 종목으로 분산하는 것이 위험을 줄일 수 있기 때문입니다.

투자기준이 명확하고 투자노하우가 있는 전문투자자는 집중투자가 유리합니다. 이들은 집중투자로 인한 손실수준을 제한할 수 있고, 투자자금도 많으며 큰 수익이 날 때까지 장기투자할 수 있는 집요함과 끈질김이 있기 때문입니다. 반면 초보투자자는 분산투자가 유리합니다. 명확한 투자기준이 없고, 투자지식이나 경험도 부족하며, 위험에 대응할 만한 전략도 없고 자금도 부족하기 때문입니다. 집중투자가 나쁜 투자방법이라서가 아니라 적합하지 않은 경우가 많아서입니다. 집중투자는 시장추세를 잘 볼 수 있어야 합니다. 집중투자를 하려면 좋은 투자자산을 잘 선택하는 능력이 있어야 합니다. 집중투자는 장기투자해도, 중간에 손실이 나도 돈에 쪼들리지 않을 만큼 여유자금이 풍부해야 유리합니다. 하지만 초보투자자는 그렇지 못한 경우가 많으므로 집중투자로 실패하는 경우가 많습니다.

집중투자나 분산투자나 모두 손실위험이 있습니다. 어느 쪽이 더 위험이 크다고 단정적으로 말할 수도 없습니다. 양자 모두 높은 수익을 낼 수 있지만 어느 쪽이 더 수익이 크다고 단정적으로 말할 수 없습니다. 그러므로 분산투자를 선택하든 집중투자를 선택하든, 반드시 병행해야 하는 투자방식이 있습니다. 바로 불규칙한 손익구조를 조정할 수 있는 분할투자를 병행해야 합니다. 즉, 한꺼번에 모든 금액을 투자하지 않고, 시간을 두고 투자금액을 나누어 투자하는 방식입니다. 투자는 어떤 방식이든 손실위험이 있기 때문에 큰 손실이 나지 않도록 통제할 필요가 있습니다. 그 방법으로 가장 좋은 방법이 분할투자를 병행하는 것입니다.

직장인도 부자가 될 수 있는 월급세팅법

투자비중을 높일 것인가?
낮출 것인가?

투자시장은 항상 오르기만 하는 것이 아니라 하락하기도 합니다. 우리나라 사람들은 일반적으로 원금이 깨지는 것에 대하여 굉장한 거부감을 가지고 있어서 손절매(손해보고 파는 것)를 제대로 하지 못합니다. 투자의 하수는 손해가 아까워서 원금이 되면 팔겠다고 생각하지만, 투자의 고수는 자신의 예측과 다르게 움직이면 일정 시점에서 미련 없이 손절매합니다. 손절매는 2보 전진을 위한 1보 후퇴라고 생각하는 것이지요.

내 재산을 지키는 것과 관련하여 손절매는 아주 중요합니다. 특히 주식과 같이 단기에도 큰 손실이 가능한 투자상품은 더욱더 그렇습니다. 10%가 손실나면 11%의 수익을 내야 원금이 되고, 반토막 되면 100% 수익이 나야 원금이 되고, 90% 깨지면 무려 900%의 수익을 내야 원금이 됩니다. 물론 손실만 나면 무조건 손절매 하라는 의미가 아닙니다. 예상과 달리 손실이 장기화될 수 있는 투자, 제대로 알지 못하고 진입한 투자 등과 같이 자신의 투자기준에 부합하지 않은 투자로 손실이 난 투자의 경우에만 해야 합니다.

손실이 나면, 몇% 상승해야 원금이 회복되나?

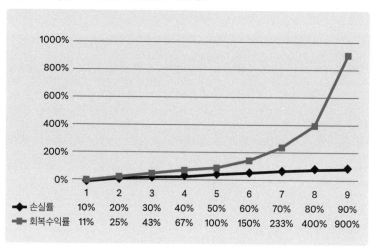

	1	2	3	4	5	6	7	8	9
◆ 손실률	10%	20%	30%	40%	50%	60%	70%	80%	90%
■ 회복수익률	11%	25%	43%	67%	100%	150%	233%	400%	900%

　대표적인 투자의 유형은 주식투자입니다. 간혹 주식투자를 해보지 않은 사람들은 어떻게 원금이 반토막 나도록 가만히 놔둘 수 있는지 의아해 합니다. 그러나 주식투자를 해 본 사람들은 대부분 겪는 일이지요. 주식을 사면 올라갈 것을 기대합니다. 주

　　　　　　　　　직장인도 부자가 될 수 있는 월급세팅법

가가 떨어지다가 오르는 경우도 있기에 원금이 깨졌을 때도 내일은 오르겠지 하는 기대감으로 하루하루 버티다가 어느 순간 반토막이 되는 것이지요.

특히 하락장에서 손절매하지 못한 사람은 바로 후회하게 됩니다. 주식의 경우 손절매를 잘 하면 주식이 향후 저가가 되었을 때 더 싼 가격으로 더 많은 수량을 살 수 있습니다. 손절매 순간에는 손실이 확정되지만 주가가 떨어질 만큼 떨어졌을 때 다시사면 더 큰 이익을 볼 수 있습니다. 그러나 제때 손절매하지 못한경우에는 주가가 더 많이 떨어져서 정말 부담 없이 살 만한 가격이 되었을 때 현금 부족으로 발만 동동 구르게 됩니다.

주식투자의 고수는 매수가 대비 일정 수준 떨어지면 더 사려는 생각보다 손절매에 대한 생각을 합니다. 반면, 주식투자의 하수는 매수가보다 조금만 떨어져도 물타기 하다가 남은 현금을 다소진해버립니다. 주식투자에 성공했을 때도 차이가 있습니다. 주식투자의 고수는 겸허한 마음으로 성공을 자축하지만, 하수는작은 성공도 과장하여 주위 사람에게 자랑합니다.

어떤 증권사 직원도 떨어질 것 같은 주식을 추천하지는 않습니다. 하지만 증권사 직원의 추천으로 주식을 매수하게 된다면 꼭 물어봐야 할 게 있습니다. "만약 손실이 날 때는 어떻게 대응하느냐?" 아시다시피 주식이란 것이 하도 변화무쌍하여 아무리 잘 골라도 예상과 다르게 떨어질 수 있기 때문입니다. 증권사 직원이 추천한 종목이 떨어진다고 그를 비난하며 감정싸움을 할 필요가 없습니다. "당신 말만 믿고 투자했는데 깨졌으니 원금까지 배상하라"고 우기는 사람도 있습니다. 증권사 직원을 두둔하고자 하는 게 아니라 이러한 사람은 주식투자할 자격이 없습니다. 주식의 본질을 모르고 투자한 사람이기 때문입니다. 그런 분은 차라리 안전한 예금에 저축하는 것이 훨씬 낫습니다.

원금손실이 가능한 투자형상품에 투자할 경우에는 손실금액을 미리 정해 놓고 하는 방법이 좋습니다. 투자는 항상 깨질 가능성이 있는 상품이므로 자신이 감당할 금액만큼만 정해놓고 투자해야 한다는 것이지요. 예컨대 1천만원으로 주식에 투자하는데 최대 2백만원 손실까지는 감수할 수 있다고 하면 2백만원 깨지는 순간을 손절매 기준으로 잡는 것입니다. 기준을 미리 정해 놓았더라도, 자신이 실천하기 어렵다고 생각된다면, 자신의 손절매 기준을 미리 증권사 직원에게 알려주고 그에게 손절매를 맡기는 것이 낫습니다. 손실에 대한 대응방법을 펀드매니저처럼 복잡하게 만들 필요가 없습니다. 이와 같이 가장 간단하고 쉽게 정하는 것이 누구의 것보다 최고의 방법이 됩니다. 쉽게 정해야 실천

직장인도 부자가 될 수 있는 월급세팅법

하기도 쉽기 때문입니다.

여유자금 1억원이 있다면 '원금손실이 가능한 투자형상품'에
얼마나 투자하는 것이 좋을까요? 주식이나 펀드와 같은 투자형
상품은 원금손실이 가능하지만 높은 수익도 가능합니다. 투자형
상품은 위험하니까 무조건 피해야 할지, 위험부담을 감수하고 큰
수익을 기대할지, 망설이는 경우가 많습니다. 그래서 그 기준이
있어야 합니다. 가장 나쁜 선택은 아무런 기준 없이 투자형상품
에 투자하는 것입니다. 이는 마치 직장인이 월급 받아 아무 생각
없이 쓰는 것과 다를 바 없습니다. 만약 당신이 투자비중에 대한
명백한 기준이 없다면 아래 표를 기준으로 판단하기 바랍니다.

투자형상품에 투자하는 경우 투자비중은 어느 정도가 적당한가?

구분	개인별 투자비중		시장별 투자비중
	투자성향별	나이별	
	위험감수수준	100-나이	시장상황
기준	위험회피형 10% 이하 위험중립형 50% 이하 위험선호형 90% 이하	30대 70% 이하 40대 60% 이하 50대 50% 이하	약세장 30% 이하 횡보장 50% 이하 강세장 70% 이상

첫째, 자신의 투자성향에 따라 투자비중을 조절하는 방법이
있습니다. 조금이라도 손실 나는 것이 싫은 위험회피형 투자자라
면 10% 이하로만 투자하십시오. 그리하면 주식투자로 반토막이

된다 해도 전체 여유자금의 95% 이상을 지킬 수 있습니다. 위험중립형이라면 50% 이하로만 투자하시기 바랍니다. 50% 이하로 투자하라는 것의 의미는 무조건 50%를 투자하라는 것이 아니라 최소 0%에서 최대 50%까지 가능하다는 것을 의미합니다. 위험선호형이라면 최대 90%까지도 가능하다는 의미입니다.

둘째, 나이에 따라 투자비중을 정하는 [100-나이]이론이란 것이 있습니다. 100에서 자신의 나이를 뺀 것이 자신에게 가장 적합한 투자비중이 된다는 이론입니다. 만약 당신이 30세라면 [100-30] 즉, 최대 70%까지 투자비중을 높여도 된다는 의미입니다. 60세라면 [100-60] 즉, 최대 40%까지 투자비중을 가져가도 된다는 의미입니다. [100-나이]이론에 의하면 젊은 사람은 공격적으로 투자비중을 높이고, 나이가 들수록 투자비중을 낮추어야 한다는 입장입니다.

셋째, 시장상황에 따라 투자비중을 결정할 수도 있습니다. 시장이 하락추세(약세장)에서는 투자비중을 0~30% 이하로, 횡보추세에서는 0~50% 이하, 상승추세에서는 70% 이상 투자하는 방법입니다. 향후 추세를 잘 파악하지 못한다면 50% 정도 투자해놓고, 향후 추세의 방향을 확인하면서 비중을 조절해도 됩니다.

당신이 투자형상품에 대한 투자비중에 대한 명백한 기준이 없다면 세 가지 방법 중 하나를 선택하십시오. 세 가지 방법을 모두 고려하여 투자비중을 정해도 됩니다. 예컨대 당신이 위험선호형이고 나이는 35세, 현재 시장상황은 횡보장이라고 가정해 봅시다. 세 가지 기준을 모두 고려한다면 당신의 주식투자비중은 어느 정도가 적합할까요? 세 가지 방법에 의한 투자비중의 교집합을 선택하면 됩니다. 당신은 투자성향 기준으로 볼 때 90% 이하, 나이 기준으로 볼 때 65% 이하, 시장상황으로 볼 때 50%이하의 투자비중을 설정할 수 있습니다. 이 세 가지 기준의 교집합은 50% 이하입니다. 따라서 당신이 1억원의 여유자금이 있다면 '5천만원 이하'로 투자하면 됩니다. 이는 반드시 5천만원을 투자해야 적합하다는 의미가 아닙니다. 5천만원 이하이므로 1백만원만 투자해도 됩니다. 0원~5천만원까지는 어떤 금액이든 적합한 것이나 5천만원을 초과하는 것은 안된다는 것을 의미합니다.

투자계좌를 1개로 할 것인가?
여러 개로 할 것인가?

투자의 승률이 높아도 계좌관리를 잘 못하면 손실이 나기 십 상입니다. 9승 1패라도 쪽박을 만들기도 하거든요. 예컨대 1억원 으로 10번 투자해서 9번은 연속해서 5%씩 수익을 냈으나 마지 막 1번은 50% 손실 나는 경우가 생길 수도 있다는 얘깁니다. 이 런 일은 수익금에 대한 관리를 제대로 못해 일어납니다. 승률이 아무리 좋아도 계좌관리를 못하면 결국 투자금은 점점 줄어들 수 있다는 것이지요. 아래에서 몇 가지 계좌관리법을 소개하니 자신에게 적합한 방법을 선택하시기 바랍니다.

첫째, 수익이체관리법

수익이체관리법은 일단 번 돈은 따로 챙기는 방법입니다. 번

직장인도 부자가 될 수 있는 월급세팅법

돈을 합해서 또 투자하는 경우 손실이 나면 그 손실규모도 더 커지기 때문입니다. 수익금이 아무리 작은 금액이라도 안전한 계좌로 옮겨 관리하면 그러한 위험이 적어지겠죠. 저도 한때 수익금을 합해서 투자했다가 더 큰 손실을 본 적이 여러 번 있었습니다. 그래서 주식매매로 수익이 나면 그 수익금은 즉시 별도의 CMA^{자산관리계좌}에 입금했었습니다. 이렇게 하면 CMA에 들어있는 돈이 모두 수익금이므로 총수익이 얼마나 되는지 계산하지 않아도 됩니다. 또 간혹 원금이 손실 나더라도 수익금은 계속 지켜지기 때문에 수익금 관리가 확실해집니다. 이 방법은 투자계좌와 수익금관리계좌 2개의 계좌가 필요합니다. 원금과 수익금의 관리를 따로 하기 위해서입니다. 원금과 수익금을 같은 계좌에만 두면 수익이 나도 원금대비 얼마나 되는지, 손실이 나도 원금대비

수익이체관리법의 자금흐름(예시)

얼마나 손실이 나는지 매매할 때마다 계산해야 하므로 불편합니다. 수익금계좌는 CMA계좌를 활용하는 것이 유리합니다. CMA는 수시입출금이 가능하면서도 이자도 많이 주는 편입니다.

이렇게 수익금을 CMA에 쌓아놓으면 두 가지 장점이 있다. 첫째, 수익금을 확실하게 챙길 수 있다는 점, 둘째, 향후 추가 투자 시 분할매수 재원으로 활용할 수 있다는 점입니다.

둘째, 5:5분할관리법

일단 투자금 전체를 증권계좌와 예금계좌에 반반씩 나누어 넣어둡니다. 예컨대 1억 원 중 5천만원은 증권계좌에, 5천만원은 예금계좌에 넣어둡니다. 이 중 증권계좌에 있는 5천만원으로 주식투자를 합니다. 주식투자로 차익실현할 때마다 그 수익금을 예금계좌로 이체합니다. 그리고 1년에 한번씩 다시 5:5로 다시 업데이트해야 합니다. 1년간 지속했더니 증권계좌는 5천만원, 예금계좌는 수익금이 들어와서 7천만원이 되었다면 증권계좌 대 예금계좌의 비중이 5:7로 되었으니 이를 다시 5:5로 수정해야 한다는 것입니다. 즉, 예금계좌에서 1천만원을 증권계좌로 이체시킵니다. 그러면 증권계좌 6천만원, 예금계좌 6천만원이 되어 처음과 같이 5:5 비율이 되도록 만듭니다.

반면 1년 동안 손실이 난 경우도 있을 수 있습니다. 증권투자

5:5 분할관리법 자금흐름 예시

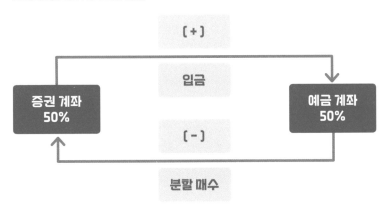

수익이 1천만원 나서 예금계좌로 이체시켰는데, 그 후 증권투자에서 2천만원 손실이 날 수도 있잖아요. 그래서 정산해 보니 증권계좌는 3천만원, 예금계좌는 6천만원이 되어 두 계좌의 비율이 3:6으로 바뀌게 되었습니다. 그러면 예금계좌에서 1천5백만원을 증권계좌로 이체시켜 증권계좌 4천5백만원, 예금계좌도 4천5백만원으로 맞추어 주는 것입니다. 이처럼 5:5 분할관리법은 일정기간(6개월 혹은 1년)을 정해 놓고 증권계좌와 예금계좌를 똑같은 비율로 계속 맞추어 주는 방법으로 투자에 몰빵하는 것을 방지하면서 손실위험을 감소시키는 방법입니다.

셋째, 재투자관리법

재투자관리법은 3개의 계좌를 이용하는 방법입니다. 일단 증권계좌와 예금계좌에 각각 50%씩 넣어둡니다. 증권계좌에서 손실이 나면 예금계좌에서 자금을 인출하여 증권계좌에 추가 투자하고, 이익이 나면 이익금을 별도의 증권계좌에 재투자하는 방법입니다. 즉, 예금계좌는 분할매수 재원으로, 별도의 증권계좌는 이익금의 재투자용으로 활용합니다.

재투자관리법 자금흐름(예시)

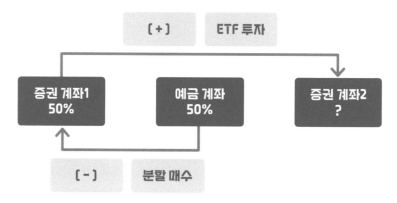

예컨대 1억원을 증권계좌 5천만원, 예금계좌에 5천만원 넣습니다. 3개월 후 증권계좌가 이익이 나서 7천만원이 되었다면 그중 2천만원을 별도의 증권계좌로 이체하여 ETF^{상장지수펀드}에 투자합니다. 하지만 3개월 후 증권계좌가 손실이 나서 3천만원이 되었다면 예금계좌에서 1천만원을 출금하여 증권계좌에 추가투자합니다(증권계좌와 예금계좌를 5:5로 맞춥니다). 재투자관리법은 이익이 나든 손실이 나든 예금의 비중이 줄어들고 증권투자의 비중이 늘어납니다. 그래서 수익이체관리법이나 5:5분할관리법보다 공격적인 투자법이라고 할 수 있습니다. 하지만 ETF로 재투자하는 것은 수익금이 날 때마다 분할투자하는 방식으로 합니다. 재투자가 장기화되면 적립식펀드와 유사한 투자방식이 됩니다. 따라서 위험은 줄이면서 고수익을 기대할 수 있습니다. 약간 보수적으로 하기 위해 수익금을 ETF로 투자하지 않고, 자유적금이나 CMA에 이체시키는 것도 좋습니다.

넷째, 기간분할관리법

기간분할관리법을 하려면 일단 투자기간을 달리 한 3개의 계좌를 만들어야 합니다. 제1계좌는 1개월 내외의 단기투자용, 제2계좌는 1년 내외의 중기투자용, 제3계좌는 1년 이상의 장기투자용으로 활용하기 위해서입니다. 투자기간별로 계좌를 달리 만들

기간분할관리법 자금흐름(예시)

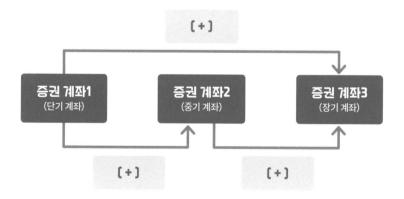

어 장기자금이 단기로 운용되지 않게 하는 효과가 있습니다.

예컨대 1억원으로 주식투자를 한다면 단기계좌에 4천만원, 중기계좌에 3천만원, 장기계좌에 3천만원 나누어 투자합니다. 단기계좌는 시장주도주 중심으로, 중기계좌는 분기실적을 중심으로, 장기계좌는 인덱스펀드나 ETF에 투자합니다. 1년 후 단기계좌의 이익금은 중기계좌로, 중기계좌의 이익금은 장기계좌로 이체시킵니다. 단기계좌의 이익금을 바로 장기계좌로 옮겨도 됩니다. 이러한 자금흐름이 반복되면 단기계좌의 비중은 줄고, 중장기계좌의 비중은 늘어나 자연스럽게 장기투자시스템이 됩니다. 이 경우는 모두 증권계좌로 운용되어 리스크가 크다는 단점이 있으나 기간분할로 리스크를 줄일 수 있다는 점이 장점입니다. 물론 자신의 투자성향에 따라 3개의 계좌를 반드시 증권계좌로 해야 하는 것은 아닙니다. 투자성향이 안정성향이라면 예금계좌 2개와 증권계좌 1개로 구성해도 됩니다.

투자계좌를 1개만 만드는 것은 위험관리하기가 곤란합니다. 반드시 2개 이상으로 분할하여 자금을 관리하는 것이 유리합니다. 자신만의 계좌관리방법이 정해져 있지 않다면 위에서 제시한 4가지 방법 중 하나를 선택하시어 활용하시기 바랍니다.

Chapter 02

건강검진은 받으면서
자산검진은
왜 안해?

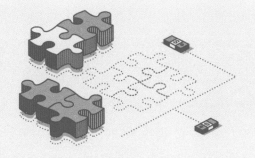

피 같은 내 돈,
이상신호 오기 전에 준비해야!

'소 잃고 외양간 고친다'는 속담이 있습니다. 준비를 소홀히 하고 있다가 실패한 후에 후회하고 수습해 봐야 소용없다는 것이지요. 대부분의 사람들이 이 속담을 알고 있지만 이 속담처럼 행동하는 경우가 많습니다. 공부해야 할 학생들이 공부하지 않다가 시험을 망친 후에 후회합니다. 운동해야 할 직장인이 책상에 앉아 있기만 하다가 비만이 된 뒤에야 운동을 시작합니다. 몸이 좀 안 좋은데도 일만 하다가 어느 날 갑자기 응급실에 실려 가기도 합니다.

자산관리도 마찬가지입니다. 아프기 전에 건강검진하듯, 신용불량 되기 전에 자산검진부터 해야 합니다. 우리나라 사람들은 모두 바쁩니다. 아버지는 직장일로 바쁘고, 어머니는 아이들 챙기느라 바쁩니다. 집에 들어오면 쉬고 싶은데, 자녀들조차 말을 듣지 않으니 만사가 힘듭니다. 이번 달에 얼마나 썼는지도 모릅니다. 신용카드 결제일에 돈이 빠져나가는 것을 보고서야 후회합니다. 과소비를 한 것도 아닌데 카드대금은 늘어가기만 합니다. 아이들 학원비도 내야하고, 대출이자도 내야하고, 부모님 칠순도 다가오는데, 어떻게 해야 할지….

걱정만 할 게 아닙니다. 걱정은 또 다른 걱정을 만들 뿐입니다. 상황을 파악하고 대안을 찾는 노력을 해야 합니다. 그리하면 어떻게 해야 할지 답이 보입니다. 바쁘다고 혹은 마음의 여유가 없다고 하지 마십시오. 적을 이기려면 적을 알아야 하고, 건강을 지키려면 먼저 내 건강상태를 알아야 합니다. 집에 불이 나기를 기다렸다가 소방차를 부르기보다는 불이 나기 전에 화재 원인일 될 만한 것을 차단하는 것이 낫습니다.

소 잃기 전에 외양간을 고쳐야 하듯, 더 나빠지기 전에 당신의 자산검진부터 해야 합니다. 정기적으로 건강검진하듯, 정기적으로 자산검진도 필요합니다. 자산검진은 자산에 '이상신호가 오기 전'에 준비하는 것이 최선입니다. 자산검진이라고 하여 너무 어려워할 것도 없습니다. 자산, 소득, 지출만 잘 살펴보면 됩니다. 자산검진 결과를 기준으로 당신의 가계가 건전한지 그렇지 않은지를 판단할 수 있고, 무엇을 더 준비해야 하는지 알 수 있습니다.

우리집 자산은
평균 이상? 미만?

우리 아파트의 시가가 5억원이고 그것이 전 재산이라면 우리 집의 자산은 5억원입니다. 그런데 이 중에서 아파트 구입할 때 은 행 대출 2억원이 있었다면 어떻게 될까요? 순자산은 자산 5억원 에서 부채 2억원을 뺀 3억원입니다. 일반적으로 '자산'이라고 하 는 것은 '자본(순자산)'과 '부채'를 합한 것입니다. 다시 말하면 자산 은 순수한 내 돈(자기자본)과 남에게 빌린 돈(타인자본)을 모두 포함하 는 개념입니다. 그래서 빚도 자산에 포함됩니다. 만약 우리집 의 '자산'이 얼마냐고 묻는다면 5억원이라고 답하면 됩니다. 왜냐하 면 2억원의 빚도 자산에 포함시키기 때문이다. 한편 우리집의 '순 자산'이 얼마냐고 묻는다면 3억원이라고 답해야 한다. 왜냐하면 순자산은 순수한 내 돈(자기자본)만을 의미하므로, 타인자본인 은행대출 2억원은 빼야 하기 때문입니다.

우리 가계의 자산검진을 하는 방법은 간단합니다. 우리나라 전체가계평균 대비 우리가계의 자산이 어느 정도 되는지 알아보면 됩니다. 통계청 사이트에서 우리나라 전체가계의 평균자산과 순자산을 확인할 수 있습니다. 우리나라 가계의 평균자산은 얼마나 될까요? 아래 표를 참조하시기 바랍니다. 우리나라 가계는 소득이 가장 적은 소득1분위에서 소득이 가장 많은 소득5분위로 구분됩니다. 통계청은 매년 소득분위별 순자산을 발표하고 있습니다. 2022년 통계청에서 발표한 우리나라 가계의 평균자산은 약 5.5억원입니다. 한편. 우리나라 가계의 평균부채는 얼마나 될까요? 약 0.9억원입니다. 따라서 순자산(순수한 내 돈)은 자산(5.5억원)에서 부채(0.9억원)를 뺀 4.6억원입니다. 즉, 우리나라 가계의 평균 순자산은 4.6억원입니다.

우리집은 소득 몇 분위에 해당하는가?

구분	자산	부채	순자산
소득 1분위	0.4억	0.3억	0.1억
소득 2분위	1.5억	0.5억	1.0억
소득 3분위	3.1억	0.6억	2.5억
소득 4분위	6.0억	1.0억	5.0억
소득 5분위	16.0억	2.0억	14.0억
평균	5.5억	0.9억	4.6억

직장인도 부자가 될 수 있는 월급세팅법

A씨 가계의 자산이 7억원(대출 5억원 포함)이고, B씨 가계의 자산이 4억원(대출 1억원 포함)이라고 합시다. 우리나라 가계의 평균 자산(5.5억원) 기준으로 보면 A씨 평균보다 많고, B씨는 평균보다 적습니다. 그런데 우리나라 가계의 평균 순자산(4.6억원) 기준으로 보면 A씨는 2억원, B씨는 3억원입니다. 순자산 기준으로 보면 B씨가 A씨보다 재정적으로 건전합니다. 하지만 둘 다 우리나라 가계의 평균순자산(4.6억원)보다는 적은 상태이므로 순자산을 늘리는 노력을 해야 할 것으로 보입니다. 가계의 재정 건전성은 자산기준보다 '순자산 기준'으로 판단하는 것이 좋습니다.

이렇게 심플한 자산검진만으로도 3가지 정도의 효과가 있습니다. 첫째, 나의 자산과 순자산이 평균대비 어느 정도인지 확인할 수 있습니다. 둘째, 평균대비 부족하다면 어느 정도 부족한 지 알 수 있습니다. 셋째, 부족함을 해결하기 위해 어떤 행동을 취해야 할지 생각할 수 있습니다. 우리나라 가계의 평균과 비교해 볼 때 당신의 자산과 순자산은 어떤가요?

당신의 가계재정이 우리나라 가계의 자산평균(5.5억원)과 순자산평균(4.6억원)을 넘는다면 재정건전성이 좋은 편이라고 생각하셔도 됩니다. 평균값은 소득4분위 정도의 수준(순자산 5억원)에 가깝기 때문에 실제로는 중간값(소득3분위)보다 재정건전성이 훨씬 높다고 볼 수 있습니다. 우리나라 가계의 소득5분위에서 중간값인 소득3분위의 자산은 3.1억원이고, 순자산은 2.5억원입니다. 그런데 소득이 가장 높은 가계인 소득5분위의 자산(16억원)과 순자산(14억원)이 너무 높아서 평균값이 높아진 것입니다.

혹시 당신의 자산이 우리나라 가계평균보다 적다고 하여 상심할 것은 없습니다. 그저 자산평균이다 보니 50대 이상이 평균보다 높고, 50대 미만은 평균보다 적은 가계가 많습니다. 만약 A씨는 55세로 자산 7억원, 순자산 3억원인데 퇴직하여 월수입이 100만원이고, B씨는 35세로 자산 2억원, 순자산 1억원인데 월수입이 500만원이라면 향후 누가 재정 건전성이 더 좋아질까요? B가 더 좋아질 것입니다. 대부분의 젊은 층은 B씨와 같은 상황이 많을 것이므로 앞으로 자산검진 결과에 따라 대안을 마련하여 실천하면 됩니다. 또 50대 이상이라 하더라도 자산검진을 통해 문제점을 파악하게 된다면 좋은 재정건전성을 유지할 수 있게 될 것입니다.

우리나라 가계평균에 미달했다고 하여 당신의 가정이 아직 파산 난 것도 아니고, 단지 평균보다 좀 적다는 것을 확인했을 뿐입니다. 첫 번째 목표를 평균자산까지 끌어올리는 것으로 잡고 준비하면 됩니다. 현재 순자산이 3억원이라면 1억6천만원을 더 늘려야 하지요. 그렇다면 늘리는 방법은 무엇으로 할지, 언제까지 달성할 것인지, 매월 얼마씩 적립할 것인지 등을 구체적으로 설정해야 합니다. 아래 목표금액 달성을 위해 정해야 하는 5가지 질문에 답한 것을 적어서, 매일 볼 수 있는 곳에 붙여 놓으세요.

목표금액 달성을 위해 정해야 하는 5가지

구분	목표달성을 위한 질문	답변 예시
1	무엇 때문에 하는가?	결혼, 주택마련, 자녀양육비, 노후자금 등
2	목표금액은 얼마인가?	5천만원, 1억원, 2억원 등
3	언제까지 달성할 것인가?	3년, 5년, 7년 등
4	매월 얼마씩 적립할 것인가?	100만원, 200만원, 월수입의 50% 등
5	어떤 방법으로 할 것인가?	적금, 적립식펀드, 적립식주식투자 등

한편 자산이 평균을 넘는다고 무조건 안심할 것만도 아닙니다. 왜냐하면 자산의 분포구조가 중요하기 때문이지요. 2022년 기준 우리나라 가계의 자산은 금융자산 23%, 실물자산 77%(부동산 73%, 기타실물 4%)로 구성되어 있습니다. 금융자산의 비중은 적고, 실물자산의 비중은 너무 많습니다. 실물자산의 대부분을 차지하는 것은 부동산입니다. 부동산 자산의 문제는 환금성이 적다는 점입니다. 특히 노후에 부동산자산 비중이 높은 것은 바람직하지 않습니다. 노후에는 월수입이 없거나 적어지므로 금융자산 비중이 많아야 좋습니다. 예금, 펀드와 같은 금융자산은 현금화하기

가 쉽기 때문에 시장 변화에 빠르게 대응할 수 있기 때문입니다. 반면 부동산은 처분하고 싶을 때 처분하지 못할 수 있고, 시장변화로 자산가치가 떨어지면 큰 손실로 이어질 수도 있습니다.

우리나라의 가계의 금융자산 비중은 다른 선진국보다 많을까? 적을까?

구분	미국	일본	영국	호주	한국
금융자산	72%	63%	54%	39%	23%
실물자산	28%	37%	46%	61%	77%

출처 : 금융투자협회 2022 주요국 가계금융자산 비교

한국금융투자협회에서 발표한 주요국 가계자산 구성을 보면 대부분의 선진국은 실물자산의 비중보다 금융자산의 비율이 높습니다. 반면 우리나라의 경우에는 실물자산의 비중이 금융자산의 비중보다 압도적으로 높습니다. 미국의 경우 전체자산 중 금융자산이 72%를 차지하지만, 우리나라의 경우에는 미국의 1/3 수준인 23%에 불과합니다. 우리나라의 상류층도 종전에는 부동산자산이 차지하는 비중이 많았지만, 2008년 미국발 부동산 위기와 2020년 코로나 위기를 거치면서 부동산 비중을 줄이고, 금융자산 비중을 늘려오고 있습니다.

자산규모 및 순자산규모가 평균을 넘었다면, 이제부턴 금융자산 비중을 50% 수준으로 끌어올리는 것이 목표가 될 수 있습

니다. 부동산을 투자의 수단으로만 볼 것이 아니라 자산관리의 한 분야로 볼 필요가 있습니다. 전문지식과 경험이 풍부하고 자금력이 충분한 분이라면 부동산 비중이 높아도 큰 문제가 되지 않습니다. 그러나 내 집이 마련된 중산층이라면 집에 대한 추가 투자보다는 금융자산과 실물자산(부동산)의 비중을 50:50으로 균형을 맞추는 노력이 필요하다고 봅니다. 금융자산의 비중이 많으면 언제든지 빨리 현금화할 수 있기 때문에 시의적절한 투자타이밍을 잡기 좋습니다. 대출을 받을 필요도 적어집니다. 특히 수입이 적은 고령자의 경우에는 돈이 묶여있는 부동산자산보다 언제든지 생활비로 쓸 수 있는 금융자산이 많을수록 유리합니다.

우리집 부채 1억원,
감당할 수 있나요?

우리나라의 가계부채는 매년 증가하여 1,000조원을 훨씬 넘어섰다고 합니다. 우리나라의 가계부채는 OECD국가 중 네 번째로 많은 것으로 조사되었습니다. 전세보증금은 가계부채 산정할 때 포함되고 있지 않은데, 만약 전세보증금을 가계부채에 포함시키게 되면 가계부채는 3,000조원에 육박한다는 한국경제연구원의 분석(2023.3.6. 보도자료)도 있습니다.

당신의 가계부채는 얼마입니까? 통계청 자료에 의하면 우리나라 가계전체의 부채평균은 9,170만원(2022년 기준)입니다. 이는 가계부채가 없는 가구도 포함되어 계산된 것입니다. 가계부채가 있는 가구만을 기준으로 한 가계의 부채평균은 1억4,485만원(2022년 기준)입니다. 이에 따라 2022년 기준 연령대별로 분류한 가계부채 평균은 아래의 표와 같습니다.

우리집의 부채는 평균보다 많은가? 적은가?

연령대	가계부채 평균
20대 이하	8,300만원
30대	1억 4,800만원
40대	1억 6,100만원
50대	1억 4,900만원
60대 이상	1억 3,000만원
전체 평균	1억 4,485만원

출처 : 통계청 2022년 발표 가구주 연령계층별 자산·부채·소득현황

당신의 가계는 부채가 있는지요? 있다면 연령대별 가계부채 평균 대비 많은지요. 많다면 평균보다 많은 빚을 지고 있다고 생각하시면 됩니다. 통상 부채규모는 평균보다 적을수록 건전하다고 평가할 수 있습니다. 하지만 절대적인 것은 아닙니다. 부채의 규모보다 부채의 상환능력이 더 중요하기 때문입니다. 내가 35세인데 2억원 대출을 받아 부채규모가 평균보다 많더라도 매월 이자를 부담하는데 지장이 없고, 상환도 충분히 가능한 대출이라면 문제가 없습니다. 반면 대출금액이 평균보다 훨씬 적은 5천만원이라도 매월 내는 이자가 생계에 부담이 되고, 만기 상환도 불확실하다면 재정을 악화시키는 원인으로 작용하므로 좋지 않습니다.

통계청 자료에 의하면, 금융부채를 보유한 가구 중 64%가 '원리금상환이 생계에 부담을 준다'고 응답했다고 합니다. 아울러 생계에 부담스러운 가구 중 원금상환 및 이자지급의 부담으로 가계의 저축 및 투자, 지출을 줄이고 있는 가구는 72%에 이른다고 합니다. 가계부채의 문제는 바로 이것입니다. 부채의 원금상환 및 이자지급이 생계에 주는 부담을 주는 경우에 자산을 불리기는커녕 신용불량 또는 개인파산으로 이어질 수 있기 때문입니다.

대출 원금상환 및 이자지급이 생계에 주는 부담을 주는가?

생계에 부담을 주는 정도		부담스러운 가구의 저축·지출 감소여부	
부담이 없다	부담스럽다	줄이고 있음	줄이고 있지 않음
36%	64%	74%	26%

출처 : 통계청 2022년 발표 가구주 연령계층별 자산·부채·소득현황

따라서 부채가 생계에 부담이 되는 경우에는 저축이나 투자보다 대출상환이 더 우선입니다. 그러나 부채가 생계에 부담이 없는 경우에는 대출상환보다 저축이나 투자가 더 우선입니다. 자신의 상황에 따라 대출상환을 우선해야 할지, 저축이나 투자를 우선해야 할지 반드시 순서를 정해놓고 자산관리하여야 합니다.

요약하여 정리하자면 부채는 대출금액을 기준으로 관리하는 것이 아니라 원리금의 상환능력을 기준으로 관리해야 한다는 것

입니다. 첫째는 매월 부담하는 대출이자가 생계에 부담이 되는지 여부를 기준으로 관리해야 합니다. 대출이자가 월 100만원이라도 생계에 부담을 줄 정도가 아니면 괜찮습니다. 반면 대출이자가 월 50만원이라도 생계에 부담을 줄 정도라면 가계재정을 악화시킬 수 있는 것이라고 판단해야 합니다. 이 경우에는 월 지출액을 줄이는 것이 우선이다. 외식, 술자리 등 줄일 수 있는 소비패턴을 최대한 줄여야 합니다. 신용카드를 체크카드로 바꾸는 것도 좋은 방법입니다. 한편 금리가 낮은 대출(ex. 정부에서 지원하는 저리대출)로 갈아타는 것도 고려해볼 만합니다. 둘째는 만기에 대출원금을 상환할 수 있는지 여부를 기준으로 관리해야 합니다. 대출만기에 현금유입, 자산매각 등으로 대출 원금을 상환하는데 문제가 없다면 괜찮습니다. 반면 만기에 어떻게 상환해야 될지 명확하지 않다면 가계재정을 악화시키고 신용불량 또는 개인파산 가능성도 있다는 점을 인식해야 합니다. 이 경우에는 막연히 걱정만 할 것이 아니라 미리 적극적으로 준비해야 합니다. 대출금을 미리 조금씩 상환해 나가는 방법을 쓰든지, 투잡 또는 맞벌이 등으로 수입을 적극적으로 늘릴 수 있는 방안을 마련해야 할 것입니다. 그럼에도 불구하고 만기 상환이 어려운 경우에는 미리 대출연장 조건을 확인해 보고, 그것이 곤란하면 대환대출(다른 금융기관에서 대출을 받아 기존의 대출을 상환하는 방식)을 활용하는 방법 등을 알아보아야 합니다.

우리집 연간소득은 6천만원 이상? 미만?

누구나 자산이 증가하기를 바랍니다. 자산을 늘리려면 소득을 높이거나 지출을 줄여야 한다는 것도 누구나 다 아는 사실입니다. 그럼에도 불구하고 일에 쫓기다 보면 소득과 지출을 관리하지 않는 경우가 많습니다. 그런 상황이 계속 방치되면 자산은 점점 감소될 수밖에 없습니다. 대부분의 사람들은 평균 이상이기를 기대합니다. 소득과 지출수준도 우리나라 평균을 알면 기준지표로 활용할 수 있습니다. 물론 구체적인 것은 개인마다 차이가 있을 수 있지만, 평균은 자산관리의 목표금액을 설정하는데 1차적인 기준이 될 수 있습니다. 2022년 통계청 자료에 의하면 우리나라 가구의 연간 평균소득은 6,414만원입니다. 이 금액은 근로소득, 사업소득, 재산소득, 공적이전소득. 사적이전소득 등을 모두 포함한 금액입니다. 여기서 재산소득은 임대·이자·배당소득 등을 말하고, 공적이전소득은 국민연금·공무원연금 등을 말하고, 사적이전소득은 부양의무자·친인척 등으로부터 정기적으로 지원받는 금품을 말합니다.

우리나라 가구의 연간 평균소득 분포

구분	근로소득	사업소득	재산소득	공적 이전소득	사적 이전소득	연간소득 누계
금액	4,125만원	1,160만원	426만원	600만원	103만원	6,414만원
비중	64%	18%	7%	9%	2%	100%

한편, 연령대별 연간 가구소득을 보면 아래와 같습니다. 연령대별 연간 가구소득 평균을 보시고, 당신의 연간가구소득은 평균 이상인지 이하인지 확인해 보십시오. 만약 당신이 35세라면 30대의 연간 가구소득 평균인 6,398만원을 기준으로 보시면 됩니다.

우리집의 연간 가계소득은 평균 이상인가?

연령대	근로소득	사업소득	재산소득	공적 이전소득	사적 이전소득	가구소득
20대 이하	3,113만원	573만원	37만원	157만원	68만원	3,948만원
30대	5,431만원	985만원	159만원	308만원	43만원	6,398만원
40대	5,728만원	1,456만원	297만원	338만원	52만원	7,871만원
50대	5,668만원	1,551만원	462만원	352만원	53만원	8,086만원
60대 이상	1,928만원	864만원	595만원	1,031만원	185만원	4,062만원
전체 평균	4,374만원	1,213만원	310만원	437만원	80만원	6,414만원

우리나라 연령대별 연간 가구소득을 확인해 봄으로써 현재 나의 소득수준이 어느 정도인지 대략 가늠 잡을 수 있습니다. 이를 기준으로 당신은 이러한 목표를 설정할 수 있습니다. 첫 번째 목표는 연령대별 가구소득(평균)을 달성하는 것. 두 번째 목표는 연령대별 가구소득(평균)의 2배를 달성하는 것. 이와 같이 가구소득(평균)을 기준으로 하여 당신의 소득목표금액을 설정하시기 바랍니다.

소득목표금액을 달성하기 위하여 소득을 늘려야 하는데 어떻게 해야 할까요? 불필요한 지출을 줄이는 것은 당연한 것이고, 그보다 더 중요한 것이 2가지 있습니다.

첫째는 정기적인 수입을 늘여야 합니다. 직장인이라면 근로소득을 높이는데 힘써야 합니다. 근로소득이 정해져 있다는 고정관념을 버려야 합니다. '나의 동료가 월 300만원 받으니 내가 월 300만원 받는 것으로 족하다'라는 생각이 당연하다고 여기지 마십시오. 성과를 높여 인센티브를 더 받을 수도 있고, 좀 더 빨리 승진하여 연봉 자체를 높일 수도 있고, 사업아이디어를 제공하여 자신의 몸값을 스스로 높일 수도 있습니다. 대부분의 직장인은 월급에 치여 살거나 구조조정 걱정만 할 뿐, 더 높일 수 있는 생각을 하지 않습니다. 하지만 당신은 더 많은 수입을 올릴 수 있는

직장인도 부자가 될 수 있는 월급세팅법

방법을 생각해 내고, 그대로 실행해 보십시오.

둘째는 투자수익을 높여야 합니다. 투자수익을 높일 수 있는 수단에는 여러 가지가 있습니다. 부동산투자로 수익을 높일 수도 있고, 금융자산을 통해 수익을 높일 수도 있습니다. 통상 부동산(주택)은 실거주목적으로 구입하지만 투자를 목적으로 구입할 수도 있겠지요. 실제로 제 주변에도 부동산 투자로 큰 수익을 얻은 분들이 많은데요. 저는 부동산 분야의 전문가는 아니라서 코멘트 할 실력이 못됩니다. 당신도 저와 같은 부동산초보라면 먼저 부동산 투자에 대한 이론과 실제를 어느 정도 익히고 난 후에 실전에 뛰어들기를 바랍니다. 부동산은 사기도 많다고 하니 남의 말만 믿고 투자하는 것은 금물입니다.

부동산 투자가 익숙하지 않은 저 같은 사람은 금융자산을 통하여 투자수익을 높일 수 있습니다. 물론 금융자산이 모두 수익성이 좋은 것은 아닙니다. 금융자산이라도 안전자산(예금, 보험 등)은 안정성은 크지만 수익성이 적습니다. 반면 위험자산(주식, 채권, 펀드 등)은 안정성은 적으나 수익성이 큽니다. 우리나라 가계의 금융자산은 아직도 주로 수익이 적은 안전자산(예금, 보험)에만 돈이 몰려 있습니다. 2022년 금융투자협회가 발표한 '주요국 가계금융자산 비교'에 의하면 한국가계의 금융자산은 안전자산(저축성상품)에 약

74%, 위험자산(투자형상품)에 약 25% 정도로 분포되어 있습니다. 반면 일본을 제외한 선진국 가계는 위험자산(투자형상품)의 비중이 50% 이상입니다.

우리나라 가계의 안전자산 편중 상태

구분	안전자산(저축성 상품)		위험자산(투자형 상품)			기타
	예금	보험	주식	채권	펀드	
한국	43.40%	30.40%	20.80%	2.30%	2.30%	0.80%
미국	13.20%	28.60%	40.20%	2.30%	15.50%	0.20%

저성장과 저금리가 고착화되고 있는 상황에서 우리나라도 투자수익을 높이기 위해서는 위험자산의 비중을 늘려야 합니다. 위험자산에 대한 투자는 어떤 방법으로 투자하느냐가 문제이지, 무조건 회피하는 것이 능사가 아닙니다. 위험자산도 분산·분할·장기투자 방식으로 투자하면 손실위험은 줄이고, 수익가능성은 높일 수 있기 때문입니다.

직장인도 부자가 될 수 있는 월급세팅법

우리집 지출수준은
363만원 이상? 미만?

통계청 2022년 가계금융조사 자료에 의하면 우리나라 가구당 월평균 가계지출은 363만원입니다. 가계지출은 소비지출(기본 생활에 필요한 상품과 서비스를 구입한 비용)과 비소비지출(세금, 연금, 이자비용 등)로 구분됩니다. 소비지출은 264만원이었으며, 음식/숙박비와 식료품비가 가장 많은 비중을 차지했습니다. 하지만 증가율로 보면 오락/문화비(20%), 음식/숙박비(15%)가 많은 반면, 가정용품/가사서비스비(-11%)는 감소하였습니다. 비소비지출은 99만원이었으며, 세금·공적연금·건강보험료가 큰 폭으로 증가했습니다.

최근 5년간 월평균 가계지출의 증가추이를 보면 소비지출(+3.9%)은 미미하게 증가하였으나, 비소비지출(+15.1%)은 크게 증가하

최근 우리나라 월평균 가계지출 추이

구분	2018	2019	2020	2021	2022
소비지출	254만원	245만원	240만원	250만원	264만원
비소비지출	86만원	91만원	92만원	93만원	99만원
합계	340만원	336만원	332만원	343만원	363만원

고 있습니다. 소비지출은 개인의 노력에 따라 줄일 수 있으나, 비소비지출은 세금/연금/건강보험료 등 개인이 통제할 수 없는 영역이므로 줄일 수 없습니다. 최근 5년간 통계청 월평균 가계지출에서 확인할 수 있듯이 평균적으로 볼 때 가계지출은 크게 증가하지 않았습니다. 그럼에도 불구하고 우리나라 가계 중 적자가구(소득보다 소비지출이 큰 가구)가 약 25%정도 됩니다. 과소비로 인하여 적자가구가 된 경우에는 지출을 줄이는 것이 무엇보다 필요합니다. 그러나 대부분의 적자가구는 소비지출이 많아서라기보다 소득자체가 적은 경우가 많습니다. 소득 자체가 적으니 고금리대출이라도 받아야 하고, 대출을 받으니 대출이자를 추가로 부담해야 합니다. 그러니 적자의 늪에서 빠져나오기가 쉽지 않습니다. 이런 가구는 지출을 줄일 수도 없을뿐더러 줄인다 하더라도 흑자로 전환시키기는 쉽지 않습니다.

대출이자가 부담되는 가계는 정부에서 지원하는 저리의 대출상품으로 갈아타는 것이 바람직합니다. 적자가구가 아니라도 주

택자금이나 창업자금 등이 부족한 경우, 가장 먼저 확인해야 할
것이 정부에서 지원하는 대출이 있는지 여부입니다. 주택자금에
관련된 정부지원대출은 주택도시기금(https://nhuf.molit.go.kr)에서 확인
할 수 있습니다.

주택도시기금에서 받을 수 있는 대출에는 무엇이 있을가?

구분		대출한도	대출금리
주택전세자금대출	중소기업취업청년전세자금	1억원	연 1.2%
	청년전용 버팀목 전세자금	2억원	연 1.5~2.1%
	주거안정 월세지금	960만원	연 1.0~1.5%
	버팀목 전세자금	1.2억원	연 1.8%~2.4%
	전세피해 임차인 버팀목전세자금	2.4억원	연 1.2%~2.1%
주택구입자금대출	신혼부부 전용 구입자금	4억원	연 1.85%~연 2.70%
	내집마련디딤돌대출	2.5억원	연 2.15%~연 3.00%
	수익공유형 모기지	2억원	연 1.5%
	손익공유형 모기지	2억원	연 1.0%~2.0%

*정책변경 또는 금리변경 등에 따라 달라질 수 있음

　　주택도시기금의 주택자금대출은 최대한 활용하는 것이 좋습
니다. 통상 부부합산 총소득이 5~6천만원 이하이면 주택도시기
금의 대출을 받을 수 있으므로 대상이 되는 분은 은행일반대출
보다 주택도시기금 대출을 이용하는 것이 훨씬 유리합니다. 주택
도시기금 대출은 대출금리가 1~2% 내외에 불과하므로 은행대
출보다 훨씬 낮은 대출금리로 이용할 수 있기 때문입니다. 자금

은 주택도시기금에서 지원하지만, 대출실행은 은행에서 하므로 가까운 은행에 가서 구체적인 내용과 대출가능여부를 상담하시면 됩니다. 주택도시기금의 주택자금대출은 국민은행, 우리은행, 농협은행, 신한은행, 하나은행, 대구은행, 부산은행 등 7개 은행에서 취급합니다. 신청자가 많아 대출실행까지는 1개월 정도 걸릴 수도 있으니, 미리 대출상담 하여 대출가능여부와 대출가능시점을 확인하여 두는 것이 좋습니다.

한편 자영업지원 포털인 소상공인마당(https://www.sbiz.or.kr)에서 소상공인의 부족자금을 지원해주기 위한 연 1~4% 정도의 금리로 대출받을 수 있는 소상공인 정책자금을 확인할 수 있습니다. 통상 상시근로자 5인 미만의 업체이면 대출대상이 됩니다. 다만, 유흥 향락업종, 금융업, 보험업, 부동산업 등을 하는 업체는 제외됩니다.

다른 정책자금과 마찬가지로 정부정책의 변화 및 금리상황 등에 따라 대출대상이나 조건이 변경될 수 있으니, 은행에서 대출가능여부 및 대출시점 등을 미리 확인해야 합니다. 정책자금은 예산이 소진되면 대출이 불가하므로, 예산이 소진되기 전에 대출을 신청하는 것도 중요합니다. 예산이 소진되면 다시 예산이 배정되는 다음 해까지 기다려야 합니다. 이 외에도 수많은 정책

소상공인을 위한 정책자금 대출에는 어떤 것이 있는가?

구분	자금 구분	기준금리	가산금리	금리
직접 대출	신사업창업사관학교연계자금	3.57%	+0.6%	연 4.17%
	재도전특별자금 ('23년~)	고정금리		연 3.00%
	소상공인·전통시장자금	고정금리		연 2.00%
	소공인특화자금	3.57%	+0.6%	연 4.17%
	성장촉진자금 (자동화설비)	3.57%	+0.4%	연 3.97%
	스마트자금	3.57%	+0.2%	연 3.77%
	민간선투자형매칭용자	3.57%	+0.2%	연 3.77%
대리 대출	일반자금	3.57%	+0.6%	연 4.17%
	장애인기업지원자금	고정금리		연 2.00%
	위기지역지원자금(고용위기지역, 산업위기 대응특별지역, 조선사 소재지역 소상공인)	고정금리		연 2.00%
	청년고용연계자금 ('22년~)	고정금리		연 2.00%
	성장촉진자금	3.57%	+ 0.4%	연 3.97%
	긴급경영안정자금	고정금리		연 2.00%
	긴급경영안정자금(특별재난지역 소상공인)	고정금리		연 1.50%

*정책변경 또는 금리변경 등에 따라 달라질 수 있음

자금들이 시시때때로 있습니다. 대출금리가 낮은 정책자금대출은 정부24(www.gov.kr) 분야별 서비스에서 확인할 수 있으니 유용하게 활용하시기 바랍니다. 정부24에 접속하여 서비스(분야별 서비스)에서 검색조건을 [금융·세금·법률〉개인금융지원〉대출·대부]로 설정하면 정부에서 지원하는 모든 정책자금대출을 확인할 수 있습니다.

우리집 투자진단은 어떻게?

　20년 동안 은행예금만 해 왔던 주부 김여사는 요즘 우울합니다. 예금금리가 너무 낮기 때문이지요. 아끼고 아껴 저축한 돈인데 예금을 해도 거의 불어나지가 않습니다. 30여년 전 그녀의 아버지는 퇴직금을 예금해두고 그 이자만으로도 생활이 가능했다는데, 이제는 택도 없습니다. 예금이자보다 물가는 더 오르는 것 같은데, 월급은 그닥 오르지 않는 것 같습니다. 예금밖에 몰랐던 김여사는 이자소득으로 노후를 준비하려고 했는데 이제 어떻게 해야 할지 막막하기만 합니다. 수익이 높다는 복잡한 상품들이 나오고 있는데 잘 모르겠습니다. 집 살 때 대출을 2억원이나 받았는데 최근 대출금리가 올라가서 부담이 됩니다. 이제부터라도 자산관리에 좀 더 신경을 써야 하는데 무엇을 어떻게 해야 할지

　직장인도 부자가 될 수 있는 월급세팅법

막막하기만 합니다.

요즘에는 젊은 MZ세대를 필두로 하여 일찍부터 자산관리를 시작하는 분들이 많아지고 있습니다. 하지만 제대로 자산관리를 할 수 있는 분은 많지 않습니다. 통상 자산관리는 금융회사의 전문가(은행의 PB나 증권사의 WM)들이 주로 고액자산가들을 대상으로 진행되어 왔습니다. 하지만 최근에는 저축과 투자에 대한 양질의 정보들이 인터넷을 통하여 공유되면서 중산층 이하의 사람들도 관심을 갖게 되었습니다. 금융정보가 인터넷에서 무료로 공유되는 것은 좋은데, 문제는 너무 많은 정보들이 난립한다는 점입니다. 심지어는 그 정보가 진짜인지 가짜인지 구별도 안되고, 잘못 가입했다가 사기를 당하기도 합니다. 그러므로 제대로 된 자산관리를 위해서 개별상품에 대한 선택보다 자산관리의 원칙과 기준을 먼저 세우는 것이 우선입니다. 이러한 원칙과 기준은 자신이 자신의 상황과 여건에 맞게 정하는 것이 가장 좋으나, 어떻게 정해야 될지 막막하다면 아래 3가지를 기준으로 잡기 바랍니다.

첫 번째 기준은 '안정성'입니다. 가계자산은 신용불량, 파산의 상황으로 가지 않도록 안정적으로 관리되어야 합니다. 기업도 부채가 많으면 부도날 수 있듯이 개인도 빚이 많으면 가계가 위험해집니다. 안정성은 부채비율로 판단할 수 있습니다. 가계의 부채비율은 순자산 대비 부채의 비율 또는 소득 대비 부채의 비율로 측정될 수 있습니다.

우리나라 전체 대출가구의 부채비율(순자산 대비 부채)은 약 30%입니다(2022년 기준). 따라서 평균보다 안정적으로 가계자산을 운용하는 기준으로 부채비율을 30% 이하로 설정해도 됩니다. 당신의 부채비율은 얼마나 됩니까? 만약 갑돌이의 순자산이 1억원이고, 대출이 5천만원이라면 갑돌이의 부채비율은 50%입니다. 이 경우 갑돌이는 우리나라 평균 부채비율보다 훨씬 높은 부채를 안고 있으므로 평균보다 안정성이 적다고 판단할 수 있습니다. 따라서 이런 상황에서는 부채를 줄이는 노력이 가장 우선시 되어야 합니다. 안정성은 부채금액의 절대적인 크기보다 부채비율로 판단해야 합니다. 갑순이는 갑돌이와 동일한 5천만원을 대출받았지만, 갑순이의 순자산이 10억원이라면 부채비율은 5%입니다. 이 경우 평균 부채비율인 30%보다 훨씬 적으므로 갑순이의 가계자산은 매우 안정적이라고 볼 수 있습니다. 다시 말하면 갑순이가 신용불량이 되거나 파산될 가능성은 아주 희박하다고 볼 수 있는 것이지요. 독자여러분도 안정성 있는 가계자산을 유지하기 위해 대출이 순자산 대비 30%를 초과하지 않도록 관리하시기 바랍니다.

안정성은 가계의 처분가능소득(1년 기준) 대비 부채(1년 기준)의 비율로 측정할 수도 있습니다. 처분가능소득이란 소득에서 세금·연금·건강보험료 등 비소비성지출을 뺀 금액으로 마음대로 쓸 수 있는 소득이라고 보면 됩니다. 2022년 기준 우리나라 1년 기준 가계소득은 6,414만원인데, 비소비성지출이 1,185만원이므로 1년 기준 처분가능소득은 5,229만원입니다.

우리나라 전체 대출가구의 1년 기준 처분가능소득 대비 금융부채의 비율은 약 130%입니다(2022년 기준). 예를 들자면 연간 소득은 5천만원인데 대출은 6천5백만원인 것과 같습니다. 연간 소득보다 대출금액이 많은 것은 가계자산의 안정성을 깨뜨릴 위험이 있습니다. 안정성의 관점에서 볼 때는 1년 기준 금융부채는 처분가능소득을 초과하지 않는 것이 좋습니다. 즉, 1년 기준 처분가능소득 대비 금융부채의 비율은 100% 이하로 유지하는 것이 가장 적절합니다. 예를 들어 당신의 연간 처분가능소득이 4천만원인데 8천만원의 금융대출을 받고 있다면 부채비율이 200%이므로 안정성이 매우 나쁘다고 해야 할 것입니다. 2021년 2030세대들이 빚투(빚내서 투자)와 영끌(영혼까지 끌어모아 대출)로 소득의 5배 이상 대출을 받아 주택을 구입했습니다. 이렇게 무리한 주택구입은 가계자산관리의 관점에서 보면 매우 위험하다고 볼 수 있습니다. 왜냐하면 연 수입 4천만원인 30대가 3억원의 대출을 받았다면 부채비율이 무려 750%나 됩니다. 이 경우 매달 내야 하는 대출

원리금이 소득 대비 너무 커서 연체될 수 있고, 연체가 지속되면 신용불량자로 전락하고, 결국 집도 경매로 처분될 가능성이 있습니다.

두 번째 기준은 '수익성'입니다. 가계자산은 만족할 만한 수익을 기대할 수 있도록 관리되어야 합니다. 우리나라의 가계는 금융자산 비중이 적을뿐 아니라 금융자산의 수익률도 매우 낮은 편입니다. 금융자산의 수익률이 낮은 가장 큰 원인은 외환위기 이후 지속적으로 금리가 떨어졌기 때문이지요. 그럼에도 불구하고 우리나라의 가계는 아직도 예금과 같은 저축형상품의 비중이 많기 때문에 만족할 만한 수익을 기대할 수 없습니다. 반면 주식·펀드와 같은 투자형상품에 대한 투자는 아직도 적은 편입니다.

우리나라 가계는 여유자금이 생겼을 때 어떻게 운용할까요? 통계청 가계금융복지조사결과 1순위는 금융자산에 저축·투자, 2순위는 부동산 구입, 3순위는 부채상환 순으로 나타났습니다. 금융자산 투자 시 선호하는 운용방법은 저수익성 상품인 예금이 84%로 압도적으로 많은 반면, 고수익성상품인 주식·펀드는 13%에 불과한 것으로 조사되었습니다. 물론 주식·펀드에 투자하였다가 손실이 나면, 예금에 저축한 것보다 못할 수 있습니다. 하지만 그것이 두려워 예금 중심으로만 투자한다면 수익성을 높이는 것은 불가능합니다. 한살박이 아이가 넘어질 것이 두려워 걸음마를 피하기만 한다면 어찌 될까요? 평생 걸을 수 없습니다. 마찬가지로 투자에 대한 손실을 두려워 피하기만 하면 평생 자산을 불리기는 힘듭니다. 저금리시대에는 주식·펀드를 무조건 피할 것이 아니라 자꾸 접해서 익숙해져야 합니다. 그렇다고 여유자산을 모두 주식·펀드에 투자하라는 것은 아닙니다. 시장 상황에 맞게 주식·펀드에 대한 비중을 좀 더 높여야 한다는 것이죠.

우리나라 가계의 경우 금융자산 투자비중은 전체자산의 약 20% 정도입니다. 갑돌이가 우리나라 가계의 평균에 해당한다면 전체자산이 5억원 중 1억원 정도를 금융자산에 투자한다는 것입니다. 금융자산별 투자 비중을 살펴보면 예금에 8,400만원 투자하고, 주식·펀드에 1,300만원을 주식·펀드에 투자한다는 것이지요. 5억원의 자산을 가진 갑돌이는 1,300만원만 공격적인 투자를 하는 셈이지요. 주식·펀드에 1,300만원을 투자하여 30% 수익률 실현한다 해도, 전체 자산에서 차지하는 수익의 비중은 0.8%에 불과합니다. 갑돌이는 주식·펀드와 같은 투자형상품의 비중이 너무 적기 때문에 전체자산의 수익률을 올리기가 힘듭니다.

그렇다면 투자형 상품의 비중은 어느 정도 되는 것을 적절할까요? 이는 기술한 바와 같이 자산의 투자성향을 알면 그에 맞게 설정하면 됩니다. 만약 명확한 기준이 없다면 투자형상품의 비중을 50% 이상으로 설정하시기 바랍니다. 갑돌이의 경우 금융 자산의 50%(5,000만원)를 주식·펀드에 투자한다 해도 그 비중은 전체자산(5억원)의 10% 수준입니다. 전체자산 기준으로 보면 그리 많은 비중이라고 볼 수 없습니다.

교통사고 날 것이 두려워 차를 타지 않는 것은 참으로 어처구니없는 일입니다. 물론 교통사고를 당하여 팔이 부러질 수도 있고, 죽을 수도 있습니다. 하지만 그렇다고 차를 타지 않는 사람은 없습니다. 차를 타되 교통신호를 지키고, 사고에 대비하여 보험을 가입하는 등 안전장치를 갖추면 됩니다. 마찬가지로 손실이 두려워 투자형상품을 피하는 것은 적절하지 않습니다. 교통사고가 나면 죽을 수도 있는 위험이 있습니다. 반면 투자형상품이 잘못되면 돈을 잃을 수 있을 뿐 죽는 것은 아닙니다. 죽을 수도 있는 위험이 있는 차는 매일 타면서, 죽을 위험은 없고 기껏 돈 좀 잃을 수 있는 주식·펀드 투자는 거의 하지 않고 있는 형국입니다. 주식·펀드 투자는 죽을 위험은 없으면서 잘되면 수익이 크게 날 수도 있습니다. 설령 실패하더라도 멈추지 않고 투자행보를 이어나가야 합니다. 한살박이 아이가 한번도 넘어지지 않고 걸을 수 없는 것처럼, 투자도 한 번의 실패도 없이 성공할 수는 없습니다.

다만, 큰 실패를 하지 않도록 투자의 비중을 조절하는 것이 필요합니다. 예를 들어 시장을 좋을 때는 투자형상품의 비중을 70%까지 높이기도 하고, 시장이 나쁠 때는 30%로 낮추기도 해야 합니다. 주식·펀드와 같은 투자형상품에 대한 투자는 하느냐, 하지 않느냐의 문제가 아니라 어느 정도의 비중으로 투자할 것인가를 결정해야 할 문제입니다. 소소한 손실위험이 무서워 주식·펀드에 대한 투자를 회피하지 마십시오! 이제는 누구나 투자형상품에 투자를 해야 합니다. 다만 보수적인 사람은 좀 적은 비중으로 투자하면 되고, 공격적인 사람은 좀 더 많은 비중으로 투자하면 됩니다. 또 경기가 좋을 때는 좀 더 투자비중을 높이고, 경기가 나쁠 때는 투자비중을 낮추면 됩니다.

세 번째 기준은 '환금성'입니다. 가계자산은 필요할 때 신속하게 현금화할 수 있어야 합니다. 부동산에서도 이른 바 깡통주택이 있다고 합니다. 집값이 대출금보다 낮아진 주택을 말합니다. 예를 들어 주택자금대출은 3억원 받아 집을 샀는데, 집값이 떨어져 2억5천만원이 되었다면 이 집은 깡통주택이 되는 것이지요. 집이 팔려도 5천만원이 부족합니다. 깡통주택이 하우스푸어를 양산하고 있다는 뉴스가 있기도 했습니다. 보통 깡통주택은 경매를 통해 매매되는 경우가 많아 손실 폭이 더 커지는 경우가 많다고 합니다. 빠르게 변하는 경제상황 속에서 효과적으로 대응하기 위해서는 부동산자산보다 금융자산이 유리합니다. 우리나라 가계는 부동산을 자산증식의 수단으로 많이 활용하는데 부동산 시장이 좋지 않을 때 문제가 커집니다. 매매가 잘되지 않으면 깡통주택으로 전락하여 큰 손실로 이어지기 때문입니다. 부동산이 금융자산에 비하여 환금성이 떨어지기 때문입니다. 예컨대 예금이나 펀드와 같은 금융자산은 언제든지 매도할 수 있지만, 주택과 같은 부동산은 시장이 좋지 않을 경우 제때 매도하기 힘들고, 부동산가격도 큰 폭으로 떨어집니다.

가계자산의 환금성을 높이기 위해서는 부동산자산보다 금융자산의 비중을 많아야 유리합니다. 우리나라 가계의 자산은 대부분 부동산자산에 치우쳐 있고, 금융자산 비중은 20% 내외에 불과합니다. 반면 다른 선진국의 경우에는 금융자산이 차지하는 비중이 50% 이상(미국 72%, 일본 63%, 영국 53%)입니다. 이는 우리나라의 가계자산 구조가 선진국에 비하여 환금성이 훨씬 떨어진다는 것을 의미합니다.

앞서 말했듯이 우리나라의 가계는 총자산에서 부동산자산이 차지하는 비중이 많습니다. 이러한 가계는 향후 더 큰 주택을 사려는 노력보다 금융자산의 비중을 높이는 쪽으로 관리되어야 합니다. 주택을 보유하고 있지 않은 전세입자도 마찬가지입니다. 향후 주택구입으로 부동산자산비중이 지나치게 높아지지 않도록

직장인도 부자가 될 수 있는 월급세팅법

관리해야 합니다. 주택을 구입하지 말라는 의미가 아니라 환금성 문제가 불거질 것에 대비하여 '무리한 대출'을 통한 주택구입은 자제해야 한다는 것입니다. 이 말은 금융자산비중이 50% 될 때까지 주택을 사지 말라는 의미가 아닙니다. 현실적으로 볼 때 언제나 금융자산비중이 50%가 유지되게 할 수는 없습니다. 통상 주택을 구입하는 순간에는 일시적으로 부동산자산의 비중이 높아질 수밖에 없습니다. 이것은 인정해야 합니다. 하지만 일단 주택을 보유한 이후에는 금융자산비중을 집중적으로 늘리는 방향으로 나가야 한다는 것입니다. 환금성 관리측면에서 볼 때 중장기적으로 총자산에서 금융자산의 비율이 50% 이상 되도록 금융자산투자에 대한 노력을 많이 해야 한다는 것입니다.

Chapter 03

한 달에 한번,
이것만 작성해도
부자!

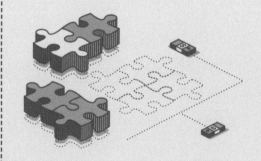

매일 가계부 쓰는 것이 너무 싫어!

아빠 아들은 계획을 세우면 계획대로 잘 하는 편이냐? 아니면 마음먹은 대로 잘하지 못하는 편이냐?

아들 아, 계획은 나름대로 세우는데… 우여곡절이 많고, 잘 지키지 못하는 것 같아요.

아빠 그래? 네가 학교 다닐 때를 떠올려 보면 계획대로 잘 했었잖아. 결석이나 지각도 안하고, 학교 시험 준비도 나름대로 계획을 잡아 열심히 하구.

아들 그게 상황의 문제인 것 같아요. 저는 어쩔 수 없이 그 상황을 헤쳐 나가야 할 때는 나름대로 잘 계획하고 실행하는 것 같아요. 그런데 어쩔 수 없는 상황이 아니면 계획도 실행도 0%여요.

아빠 아빠도 그럴 때가 있었어. 그런데 계획도 실행도 0%는 좀 너무하지 않냐?

아들 학교 다닐 때는 성적표나 생활기록부같이 강제성을 자극하는 것들이 있었잖아요. 그런데 이제 학교를 졸업하고 나니 그런 강제성이 없어졌어요. 학창시절에는 '성적표에 좋은 성적이 기록되어야 한다' '생활기록부에 좋은 내용이 쓰여져야 한다'라는 강박이 있었던 것 같아요. 그래야 나의 앞날이 좋아질 것이라고 생각했어요. 그래서 성적표나 생활기록부 같은 것이 저에게는 법과 같이 저를 강제하는 수단이었지요. 하지만 졸업하고 나니 그와 같이 강제성이 부여된 것들이 없잖아요. 내 성적을 기록하여 보여줄 필요도 없고, 내 생활을 기록하여 알릴 필요도 없고요. 나를 강제할 만한 수단들이 없어지니 제 스스로를 통제하지 않는 것 같아요.

아빠 근데 이제 너도 직장에 다니잖아. 회사의 경영활동은 Plan-Do-See의 반복이라는 얘기가 있어. 회사도 성적표 또는 생활기록부 같은 것이 있어서 이를 통제하게 되어 있어. 회사는 연초에 계획Plan을 세우고, 1년 동안 그 계획에 따라 실행Do하고, 연말이 되면 그 결과와 문제점을 검증See하는 거야. 그런 과정에서 직장인은 계획에 맞는 성과(성적표와 같음)를 달성해야 하고, 직장생활에 대한 인사평가(생활기록부와 같음)도 받게 되지. 그런데 이런 시스템은 학교생활이나 직장생활에서만 적용되는 것이 아니라 개인의 자산관리에서도 적용된다고 할 수 있어.

아들 자산관리를 회사의 경영시스템처럼 해야 한다는 말인가요? 너무 복작하고 어렵게 느껴지는데요.

아빠 내가 어렸을 때는 학교에서 금전출납부를 쓰게 했었는데… 넌 혹시 학교 다닐 때 '금전출납부나 가계부 쓰는 법' 배웠니?

아들 따로 배운 것 같지는 않아요. 그런 것이 있다는 정도만 알고 있었는데 방학숙제로 한번 해본 적 있어요.

아빠 네 생각에 가계부 쓰는 것이 중요한 것 같아? 아니면 불필요한 것 같아?

아들 중요한 것 같기는 한데… 깊이 생각해 보지 않은 것 같아요.

아빠 아빠가 금융회사에 근무할 적에 연말이면 고객들에게 '가계부'를 선물하곤 했어. 매일 가계부 쓰면서 자금관리를 철저히 하고, 남는 돈은 우리 금융회사에 맡기라는 숨은 뜻이 있지. 너에게 매일 가계부 쓰라고 하면 쓸 수 있겠니?

아들 초등학교 다닐 때 일기 숙제가 가장 하기 힘들었어요. 가계부도 매일 써야 한다면 정말 지키기 힘들 것 같아요.

아빠 나도 가계부 써 봤는데… 그거 나하고 잘 안 맞는 것 같아. 하하! 그거 하려면 아주 꼼꼼해야 하는데 난 그렇지 못하고, 매일 해야 하는데 그걸 지키는 것이 너무너무 힘들었어. 그래서 한두달 하다가 그만둔 것 같아. 너도 조금 전에 매일 가계부 쓰는 것은 힘들다고 했지?

아들 네. 매일 쓰면 좋겠다는 것은 알겠는데 잘 지키지 못할 것 같아서요.

아빠 그러면 한달에 한번만 써도 된다면 쓸 수 있겠니?

아들 한달에 한번 정도라면 어렵지 않을 것 같은데요. 그걸 왜 해야 하죠?

직장인도 부자가 될 수 있는 월급세팅법

아빠 어떤 회사든 Plan-Do-See 하지 않고 성공하기는 힘들어. 회사가 아무리 크고 돈이 많아도 아무런 계획도, 실행도, 검증도 하지 않는다면 그 회사는 곧 사라질 거야. 마찬가지로 개인도 Plan-Do-See 시스템을 따르지 않으면 잘 살 수가 없어. 그래서 네게 꼭 당부하고 싶은 것이 있어.

아들 그게 뭔데요?

아빠 매일 쓰는 가계부 말고, 한 달에 한번 '월계부'를 쓰는 거야. 가계부보다 쉬어. 엑셀로 만든 표에 한 달에 한번 숫자만 채워 넣으면 되는 거야.

아들 표라고 하셨는데 무슨 표인가요? 그리고 왜 그것을 해야 하는지요?

아빠 조금 전에 회사가 경영할 때 가장 첫 번째 해야 할 것이 무엇이라고 했지?

아들 Plan-Do-See의 첫 번째인 Plan 말하는 것인가요?

아빠 맞아, Plan! 계획하는 거잖아. 그런데 계획한 것이 '머릿속 생각'으로만 있으면 잘 지켜지자 않아.

아들 맞아요!

아빠 나도 그래. 계획을 머릿속 생각으로만 간직하고 있으면, 다른 일하느라 정작 계획한 것은 하나도 하지 못해. 어떤 것은 도대체 내가 계획을 세운 것조차 잊어버리기도 하지. 그래서 계획을 숫자로 적어야 해. '적자생존(적어야 살 수 있다)'이란 말이 있잖아. 일단 나의 계획을 문자나 숫자로 적어야 실행력이 생기기 때문이지. 회사에는 회사의 경영상태와 성과를 보여는 재무제표라는 표가 있잖아. 그런 것처럼 내가 두 개의 표를 만들었어. 하나는 '현금수지표'이고, 또하나는 '자산상태표'야. 현금수지표는 한달 동안의 수입과 지출을 나타내는 표이고, 자산상태표는 자산변동사항을 나타내는 표야. 네게 당부하고 싶은 것은 바로 이 표에 매달 한 번씩 숫자를 채우는 거야. 이 표에 숫자 채우는 것이 바로 월계부 쓰는 것이라고 할 수 있어. 나도 매일 가계부 쓰는 것은 힘들었는데, 한 달에 한번 몰아서 월계부 쓰는 것은 지킬 수 있겠더라구.

아들 저, 그런 거 좋아해요. 몰아서 청소하기, 몰아서 시험공부하기… 몰아서 한달에 한번 하는 거면 저도 할 수 있을 것 같아요.

아빠 그래. 그렇게 한달에 한번만 몰아서 하면 매일매일 안해도 되잖아. 요즘에는 한달 동안의 수입, 지출 등을 급여통장이나 신용카드 등을 통해서 쉽게 확인해 볼 수 있기 때문에 굳이 가계부를 안 써도 될 것 같아. 너도 '월계부'를 한달에 한 번씩 쓸 수 있겠니?

아들 네, 그것은 저도 꼭 지킬게요. 한 달에 한번인데 그것도 못하면 안되죠. 그런데 현금수지표와 자산상태표는 어떻게 만들죠?

아빠 그건 다음 장에서 알려줄게. 내가 만든 엑셀로 만든 현금수지표와 자산상태표의 양식을 줄 테니까 그것을 이용해봐. 거기에 한 달 동안의 수입과 지출, 통장잔고만 입력하면 돼.

현금수지표 및 자산상태표 엑셀 양식

현금수지표,
나는 이번 달 네가 한 일을
알고 있다!

월계부에는 현금수지표와 자산상태표가 있는데, 우선 현금수지표에 대하여 말씀드리도록 하겠습니다. 현금수지표란 한 달동안 현금의 수입과 지출을 표로 만든 것입니다. 다시 말하면 한달간 내 통장에 들어온 돈과 나간 돈이 얼마인지 항목별로 작성한 표입니다. 한 달 동안 들어온 돈(수입)과 나간 돈(지출)이 같아야 정상합니다. 하지만 한달 수입보다 한달 지출이 더 크게 되면 그달은 적자상태를 의미하는 것이니 좋지 않은 것이지요. 아래 현금수지표 예시를 보시기 바랍니다. 항목별로 설명드릴 것이니 여러분도 현금수지표에 여러분의 수입과 지출을 작성해 보시기 바랍니다. 작성하기 전에 먼저 자신의 수입통장, 금융상품 계좌, 카드내역 등을 확인할 수 있는 자료를 모두 준비하셔야 합니다. 아

직장인도 부자가 될 수 있는 월급세팅법

현금수지표 샘플

( )년 ( )월 개인 현금수지표

수입 항목			금액	비율	전월대비 증감액
주수입 (50%)	근로소득	기본급	1	50%	
		성과급	-	0%	
		기타	-	0%	
	사업소득	강의료	-	0%	
		스마트스토어	-	0%	
		기타	-	0%	
	그외 소득		-	0%	
			-	0%	
			-	0%	
			-	0%	
			-	0%	
부수입 (50%)	매매차익	주식	1	50%	
	이자/배당	펀드	-	0%	
	매매	당근마켓	-	0%	
	기타		-	0%	
			-	0%	
			-	0%	
			-	0%	
			-	0%	
			-	0%	
			-	0%	
총수입			2	100%	

지출 항목			금액	비율	전월대비 증감액
소비성지출 (50%)	고정소비	월세	1	50%	
		대출원리금	-	0%	
		보험료	-	0%	
		관리비	-	0%	
		기타	-	0%	
	변동소비	A카드	-	0%	
		B카드	-	0%	
		경조사비	-	0%	
		동호회비	-	0%	
		기타	-	0%	
			-	0%	
투자성지출 (50%)	고정투자	청약저축	1	50%	
		연금펀드	-	0%	
		적립펀드1	-	0%	
		적립펀드2	-	0%	
		적립펀드3	-	0%	
		적금	-	0%	
		기타	-	0%	
	변동투자	암호화폐	-	0%	
		미국ETF	-	0%	
		기타	-	0%	
			-	0%	
총지출			2	100%	

구분	PLAN	DO	SEE
주수입	1	1	-
부수입	1	1	-
소비성지출	1	1	-
투자성지출	1	1	-
월수지	-	-	-

직 준비가 안되었다면 여러분의 기억력?을 살려 대략이라도 작성해서 감을 잡으시기 바랍니다. 처음에는 약간 시간이 걸리지만 매달 하면 10분 내에도 가능합니다.

수입에는 크게 주수입과 부수입이 있습니다. 주수입은 매달 '정기적'으로 들어오는 근로소득, 사업소득 등을 말합니다. 통상 직장인은 근로소득이 대부분일 것입니다. 그러나 근로소득 외에도 투잡 등을 통한 사업소득도 있을 수 있습니다. 자영업자는 근로자가 아니므로 사업소득이 대부분일 것입니다. 그러나 사업도

하면서 직장에도 나간다면 근로소득이 있을 수도 있습니다.

　반면 부수입은 '비정기적'으로 들어오는 소득을 말합니다. 예를 들어 주식투자를 통한 수익, 저축을 한 경우 이자소득, 펀드 수익 등 매월 정기적으로 들어오지는 않지만, 어쨌든 나의 수입으로 잡을 수 있는 수익입니다. 이번 달 여러분의 수익을 항목별로 입력하여 보시기 바랍니다. 이번 달 여러분의 수입에 만족하십니까? 만약 그렇지 않다면 수입의 항목을 늘이는 노력을 하십시오. 직장인으로 근로소득만 있다면 사업소득이나 부수입을 늘리는 노력을 해야 합니다.

　우리는 한 달 수입으로 지출을 하게 되는데요. 지출에는 소비성지출과 투자성지출이 있습니다. 소비성지출이란 한번 나가면 없어지는 지출입니다. 소비성지출에는 매월 지출되는 금액이 특정금액으로 고정된 '고정소비'가 있고, 매월 지출되는 금액이 변하는 '변동소비'가 있습니다. 예를 들어 월세는 매월 지출금액이 특정금액으로 고정되어 있으므로 고정소비에 해당하고, 카드대금은 매월 지출되는 금액이 변하므로 '변동소비'에 해당됩니다. 여러분의 소비성지출을 고정소비와 변동소비로 구분하여 입력해 보시기 바랍니다. 여러분의 소비성지출이 많다는 생각이 드시나요? 만약 그렇다면 무엇을 줄여야 할까요? 일반적으로 고정소비는 줄이기가 곤란하므로 변동소비를 줄이는 노력을 해야 합니다.

반면 투자성지출은 돈이 나가더라도 없어지는 것이 아니라 금융상품 등에 적립되는 지출입니다. 투자성지출에는 매월 특정 금액을 투자하는 '고정투자'와 매월 불특정으로 투자하는 '변동투자'가 있습니다. 예를 들어 청약저축에 매월 20만원씩 투자한다면 '고정투자'에 해당하고, 매월 20만원씩 투자할 것은 아니지만 여윳돈이 생길 때마다 미국ETF에 투자한다면 '변동투자'에 해당됩니다. 여러분의 투자성지출을 고정투자와 변동투자로 구분하여 입력해 보시기 바랍니다. 여러분의 투자성지출은 많은가요? 적은가요? 적다고 생각된다면 변동소비를 줄이거나 월수입 자체를 늘려서 투자성지출을 높이는 노력이 필요합니다.

현금수지표 양식의 하단에 PLAN-DO-SEE 표가 있습니다. 여기서 PLAN(목표금액)은 목표로 설정된 수입과 지출을 의미하고, DO(실제금액)는 실제 수입 및 지출을 의미하며, SEE는 목표금액 대비 실제 금액이 얼마나 부족한지를 나타냅니다.

여기서는 PLAN 부분만 여러분 자신의 상황에 맞게 입력하여 주시기 바랍니다. PLAN을 설정해야 현금수지표를 자신의 목표에 부합하도록 만들 수 있기 때문입니다. 입력은 원단위로 해야 합니다. 어떻게 입력해야 할지 막막하면 다음과 같이 입력하십시오. 아래와 같은 방법을 사용하다가 자신의 상황에 맞게 향후에 변경해도 됩니다.

PLAN 하단의 주수입은 '현재 주수입의 150%'를 입력하십시오. 현재 주수입이 100만원이라면 150만원을 입력하면 됩니다. 부수입은 '주수입의 20%'를 입력하십시오. 주수입이 150만원이라면, 부수입은 30만원을 입력하시면 됩니다. 소비성지출과 투자성지출은 PLAN에서 설정한 각각 '(주수입+부수입)의 50%'로 설정하십시오. PLAN에서 설정한 (주수입+부수입)이 180만원이라면, 소비성지출에 90만원, 투자성지출에 90만원을 입력하시면 됩니다.

현금수지표 속에 숨어있는
부자의 씨앗

현금수지표는 작성에 목적이 있는 것이 아닙니다. 현금수지표에는 내 재산을 불릴 수 있는 씨앗들이 숨어 있습니다. 항목 하나하나의 추이나 변화를 보면 알 수 있습니다. 부자의 씨앗을 로또복권 당첨이나 주식대박과 같은 행운이 있어야 가능하다고 생각하십니까? 당연히 아니죠. 우리 주변에 자수성가 한 부자들을 보면 알 수 있죠. 부자의 씨앗은 단순하고 당연한 그것! 바로 수입은 늘리고, 소비성지출은 줄이고, 투자성지출은 늘리는 것이지요. 아래 표는 제가 이해의 편의를 위해 가상으로 만든 갑돌이의 3월 현금수지표입니다. 이것을 보면서 여러분도 자신의 부자씨앗을 찾으시기 바랍니다

갑돌이의 3월 현금수지표(예시)

3월 현금수지표 예시

수입

항목			금액	비율	전월대비 증감액
주수입 3,100,000 69%	근로소득	월급	2,500,000	56%	
		성과급	-	0%	- 700,000
		기타	-	0%	
	사업소득	강의료	300,000	7%	100,000
		스마트스토어	200,000	4%	100,000
		기타	100,000	2%	
	기타소득		-	0%	
			-	0%	
			-	0%	
			-	0%	
			-	0%	
부수입 1,400,000 31%	매매차익	주식	800,000	18%	1,100,000
	이자/배당	펀드	100,000	2%	
	복지지원금	정부	100,000	2%	100,000
	매매	당근마켓	300,000	7%	200,000
	기타		100,000	2%	100,000
			-	0%	
			-	0%	
			-	0%	
			-	0%	
			-	0%	
			-	0%	
			-	0%	
총수입			4,500,000	100%	1,000,000

지출

항목			금액	비율	전월대비 증감액
소비성지출 2,950,000 66%	고정소비 1,750,000	월세	500,000	11%	
		대출원리금	650,000	14%	50,000
		보험료	200,000	4%	
		관리비	200,000	4%	
		기타	200,000	4%	
	변동소비 1,200,000	A신용카드	600,000	13%	200,000
		B신용카드	300,000	7%	100,000
		경조사비	300,000	7%	100,000
		동호회비	-	0%	100,000
		기타	-	0%	
			-	0%	
투자성지출 1,550,000 34%	고정투자 1,200,000	청약저축	200,000	4%	
		연금펀드	200,000	4%	
		적립펀드1	200,000	4%	
		적립펀드2	200,000	4%	
		적립펀드3	200,000	4%	
		적금	200,000	4%	
		기타	-	0%	
	변동투자 350,000	암호화폐	150,000	3%	150,000
		미국ETF	200,000	4%	200,000
		기타	-	0%	
			-	0%	
			-	0%	
총지출			4,500,000		500,000

구분	PLAN	DO	SEE
주수입	4,000,000	3,100,000	- 900,000
부수입	1,000,000	1,400,000	400,000
소비성지출	2,500,000	2,950,000	450,000
투자성지출	2,500,000	1,550,000	950,000
월수지	-	-	-

먼저 현금수지표 예시의 하단 PLAN-DO-SEE 표를 보시기 바랍니다. 수입과 지출의 목표를 설정해 놓았습니다. 예시에서 목표 수입플랜을 주수입 4백만원, 부수입 1백만원으로 설정했습니다. 최근 우리나라 가구의 평균 월수입이 5백만원 정도 되기 때문에 일단 평균 월수입을 목표로 잡은 것입니다. 여러분도 이처럼 우리나라 가계의 평균월수입, 우리회사 임직원의 평균월수입, 등 여러분이 노력하면 달성할 수 있는 월수입 플랜을 설정해야 합니다. 월수입 플랜은 월지출을 감안해서 정해야 합니다. 매월 돈에 쪼들리고 있다고 생각된다면 월수입 대비 월지출이 많다는

것을 의미합니다. 어떻게 해야 할까요? 지출을 줄이든지 수입을 늘리든지 빨리 결정하고 '실행'해야 합니다. 저는 일단 수입을 늘리는 쪽을 선택하겠습니다. 현실적으로 지출을 줄이는 것은 아무리 노력해도 한계가 있지만, 수입을 늘리는 것은 노력만 하면 얼마든지 늘릴 수 있기 때문입니다. 예시의 경우 근로소득은 240만원에 불과한 직장인이지만, 사업소득과 부수입을 통하여 450만원의 월수입을 얻고 있습니다. 당신이 직장인이라면 근로소득에만 목매달지 마시기 바랍니다. 근로소득만으로는 월지출을 모두 감당하기 쉽지 않거든요. 저도 직장 다닐 때 여러 가지 소득원을 만들었습니다. 책을 써서 인세수입을 만들고, 강의를 해서 강사료를 받아서 월수입을 늘렸습니다. 직장을 그만둔 지금도 다섯 군데 정도에서 수입이 들어옵니다. 직장인이 아니어서 근로소득은 없지만, 사업소득을 다변화했기 때문입니다. 월수입을 다변화하는 것이 처음에는 쉽지 않습니다. 하지만 일단 자신이 가장 잘할 수 있는 것으로 한번 시작해 보십시오. 무자본으로 가능한 스마트스토어도 좋고, 자신의 경험이나 역량을 활용한 블로그마케팅도 좋습니다.

　주수입을 늘리는 것이 힘들다면 부수입을 늘리는 방법도 좋습니다. 저의 경우에는 펀드에 장기투자하여 수익을 내거나 좋은 주식에 장기투자해서 매매차익과 배당수익을 얻는 경우가 종종 있었습니다. 작년 말에는 캘리그라피로 달력을 만들어 스마트스토어에서 팔아 부수입을 얻기도 했습니다. 저의 딸은 당근마켓을 통해 쓰지 않는 물건을 팔기도 하고, 다양한 곳에서 마일리지나 포인트를 적립하여 활용하기도 하더라구요.

수입의 항목을 가능한 한 많이 만드는 것이 좋습니다. 주수입으로 할 수 있는 것을 5개 이상 입력해 놓으세요. 또 부수입으로 할 수 있는 것을 5개 이상 입력해 놓으세요. 매월 '정기적'으로 수입이 들어오는 주수입의 비중을 높게 잡는 것이 좋습니다. 부수입은 보통 일시적인 소득이므로 매월 높을 수는 없기 때문입니다. 저의 경우에는 주수입을 80%, 부수입을 20% 정도로 잡고 있습니다. 지금 당장 다 할 수는 없더라도 일단 가능한 수입의 항목들을 입력해 놓으십시오. 그리고 수입을 늘리고자 할 때 제2의 수익원으로 하나씩 하나씩 만들어 가시기 바랍니다.

3월 현금수지표 근로소득 부문을 보면 갑돌이는 3월에는 성과급을 전혀 받지 못해 전월보다 70만원 부족하게 되었습니다. 하지만 사업소득 항목인 강의료와 스마트스토어에서 좀 더 벌고, 부수입 항목 4가지에서 추가 수입을 얻었기 때문에 3월 총수입이 전월보다 1백만원 더 많게 되었습니다. 이와 같이 다양한 수입 항목을 많이 만들어 놓으면, 어느 한쪽에서 부족한 부분을 다른

쪽에서 메꿔줄 수 있습니다.

3월 수입의 전월대비 증감액을 보니 주식매매차익이 가장 많았는데, 상대적으로 펀드의 수익은 적었습니다. 갑돌이는 현금수지표의 전월대비 증감을 보면서 주식시장이 좋은지? 좋다면 어떤 종목들이 좋은지? 자신의 주식관리자를 찾아가 볼까? 등을 생각해 볼 수 있습니다. 펀드수익률이 상대적으로 안 좋다면 펀드를 교체해야 할지? 장기투자로 기다려야 할지를 생각해 볼 수 있게 됩니다. 이처럼 수입부문의 항목별 전월대비 증감을 확인함으로써 어느 항목에 더 집중해야 할지, 어느 항목을 줄여야 할지를 판단할 수 있게 합니다.

갑돌이는 소비성지출 플랜과 투자성지출 플랜은 각각 250만 원으로 설정했습니다. 월수입의 50%는 소비성지출로, 나머지 50%는 저축(또는 투자)한다는 목표를 세운 것입니다. 종잣돈을 모으는 시기라면 투자성지출이 더 많게 하는 것이 바람직합니다. 저의 지인 중에는 월수입의 70%를 저축하는 사람도 있었습니다. 결코 쉬운 일이 아닙니다. 저도 월수입의 50%를 저축하는 것이 목표이지만 달성하지 못하는 때가 더 많습니다. 그래도 매월 달성하고자 노력하고 있습니다. 여러분도 시도해 보십시오. 죽을 때까지 이렇게 하라는 것이 아닙니다. 당신의 목표를 달성할 때까지만 견딘다고 생각하고 실행하여 보십시오.

갑돌이의 3월 현금수지표상 지출항목을 보겠습니다. 소비성 지출 플랜에 의하면 월수입플랜의 50%인 250만원이 목표로 설정되었는데 실제소비성 지출은 295만원입니다. 소비성지출 목표치 초과상태입니다. 전월대비 증감을 보니 대출원리금과 카드대금이 늘었습니다. 갑돌이는 점점 부담이 커지는 대출금액의 일부를 추가 상환하여 고정소비를 줄여야겠다고 생각하게 되었습니다. 또 충동적인 카드사용을 제한하기 위해 A신용카드를 50만원 까지만 쓸 수 있는 체크카드로 바꾸어야겠다고 마음먹었습니다.

투자성지출(저축 또는 투자) 플랜은 250만원인데 실제 3월의 투자성지출은 155만원으로 95만원 미달입니다. 갑돌이는 1차적으로 카드사용 등 소비성지출을 줄여서 고정투자를 120만원에서 150만원으로 높여야겠다고 생각했습니다. 2차적으로 강의료수입과 스마트스토어 수입을 늘려서, 변동투자를 100만원 이상 할 수 있도록 해야겠다는 생각을 합니다. 소비성지출과 투자성지출 중 어느 것이 우선해야 할까요? 대부분의 사람들은 쓰고 남은 돈을 저축합니다. 이러시면 안됩니다. 이런 식으로 하면 매번 소비가 많고 저축은 적어집니다. 반대로 해야 합니다. 저축하고 남은 돈으로 써야 합니다. 즉, 투자성지출을 먼저 하고, 남은 돈으로 소

직장인도 부자가 될 수 있는 월급세팅법

비성지출 하라는 것이지요. 예를 들어 갑돌이가 이번 달에 450만원 벌었다면, 월수입의 50%인 225만원을 먼저 저축하고, 소비는 나머지 225만원 범위 내에서 해야 한다는 것이지요. 투자성지출에 대한 강제투자시스템을 만드는 것이 좋습니다. 강제투자시스템이란 것이 대단한 것이 아닙니다. 월수입의 50%를 투자(저축)계좌로 무조건 빠져나가도록 매월 자동이체 등록을 해 놓으면 됩니다. 그리고 자동이체 되고 남은 돈을 소비성지출에 사용하는 것이지요. 이렇게 하면 투자성지출은 플랜대로 이루어지고, 소비성지출은 줄어들 수밖에 없습니다. 저축하는 금액이 매월 들쑥날쑥인 분들이라면 이 방법을 꼭 활용하시기 바랍니다.

현금수지표를 작성하면 좋은 점이 많습니다. 첫째, 재정적자를 막는 효과가 있습니다. 현금수지표를 매월 한번씩 작성하면 월수입 범위 내에서 지출해야 한다는 것을 인식하게 됩니다. 둘째, 원하는 목표가 달성되고 있는지 확인할 수 있습니다. 매월 수입의 증감, 지출의 증감을 알 수 있기 때문에 목표금액 달성도 빨라지고, 조기 달성하겠다는 의욕도 불러일으킬 수 있습니다. 수입원이 다양화되어 이번 달 월수입이 전월보다 크게 늘면 괜히 자존감도 높아지고 더 잘하고 싶어집니다. 반면 월수입이 전월보다 줄어들면 무엇이 문제인지, 어떻게 해결해야 할지, 다음 달에는 분발해야겠다는 생각을 하게 됩니다. 그러는 과정에서 목표금액도 빨리 달성하게 됩니다. 막연하게 부자가 되겠다고만 생각하고 실행하지 않으면 무슨 의미가 있습니까? 하지만 부자가 되겠다고 마음먹고 현금수지표를 쓰게 되면, 현금수지표가 나의 목표대로 만들어지도록 노력을 하게 됩니다. 바로 현금수지표를 작성하면서 PLAN-DO-SEE를 실행할 수 있게 되는 것이죠.

직장인도 부자가 될 수 있는 월급세팅법

자산상태표,
내 꿈이 언제쯤 달성될 수 있는지

당신의 자산은 얼마나 되는지 아십니까? 정확히 모르는 분들이 많습니다. 특히 아내에게 모든 자산관리를 맡기고 직장 일에만 전념하는 남편들은 더욱 모릅니다. 아내는 남편에게 돈을 맡겨두면 돈을 모으기 힘들다고 생각하기 때문일 겁니다. 돈 버는 남편 입장에서는 억울할 수도 있습니다. 일은 남편이 뼈 빠지게 하는데, 돈은 아내가 다 관리하니까요. 요즘에는 달라지고 있습니다. 요즘 MZ세대는 부부가 맞벌이하면서 월급도 각자 따로따로 관리하는 경우가 많아지고 있습니다. 또 1인 가구가 증가하면서 누구에게 맡길 수 없기 때문에 스스로 월급을 관리해야 할 상황이 되었습니다. 소득이 있는 사람이라면 자산이 어떻게 구성되었는지, 얼마나 있는지, 자신의 목표금액에 얼마나 달성되었는

지 등을 알아야 합니다. 이것을 일깨워 주는 것이 바로 자산상태
표라고 할 수 있습니다. 자산상태표를 작성해 보아야 자신의 목
표금액에 도달할 가능성이 높아집니다.

아래의 자산상태표 샘플을 보시기 바랍니다. 제공한 엑셀파
일에서 자산상태표 샘플(2)를 입력하면, 자산상태표 샘플(1)이
자동적으로 완성되도록 설정되어 있으니, 샘플(2)만 입력하면 됩
니다. 항목별로 설명드릴 것이니 여러분도 자산상태표에 자산을
항목별로 구분하여 입력해 보시기 바랍니다. 작성하기 전에 먼저
자신의 자산을 확인할 수 있는 자료를 모두 준비하셔야 합니다.
아직 준비가 되지 않았더라도 대략 작성해 보시기 바랍니다. 처
음에는 약간 시간이 걸리지만, 매달 하면 10분 내에도 가능하고,
자산이 증가하는 수치를 입력하면서 뿌듯해할 수 있습니다.

자산상태표 샘플(1)

항목		평가금액	총자산대비 비율	전월대비 증감액	항목		평가금액	총자산대비 비율	전월대비 증감액
금융자산	예금	-	0%			대출1	-	0%	
	펀드	-	0%			대출2	-	0%	
	현금	-	0%			대출3	-	0%	
	주식	-	0%			기타	-	0%	
	기타	-	0%		부채		-		
			0%				-		
			0%				-		
실물자산	주택	-	0%				-		
	토지	-	0%				-		
	기타	-	0%				-		
			0%				-		
그 외 자산	암호화폐	-	0%		순자산	순자산	1	100%	
	롬원	-	0%			1			
	기타	1	100%						
			0%						
			0%						
가용자산	금융+기타	1	실물자산	-	대출	-	총자산	1	비고
목표순자산	50세까지	1,000,000,000	목표달성률	0.0%	목표미달액	- 999,999,999	순자산	1	

자산상태표 샘플(2)

	( )년 ( )월 자산 항목별 입력표						
	은행명	예금	펀드	현금	대출	기타1	
은행	은행1						
	은행2						
	은행3						
	증권사명	주식	펀드	현금	대출	기타	
증권사	증권사1						
	증권사2						
	증권사3						
	구분	평가금액					
	주택						
부동산 등	주택임대자						
	오피스텔						
	토지						
	기타						
	구분	평가금액					
	암호화폐1						
그 외	암호화폐2						
	용원1						
	용원2						

자산상태표의 구성을 먼저 보겠습니다. 왼쪽에는 자산항목을 기록하고, 오른쪽에는 부채와 순자산을 기록합니다. 자산은 부채와 순자산의 합계입니다. 따라서 자산(왼쪽 항목)과 부채&순자산(오른쪽 항목)은 같아야 합니다. 예를 들어볼까요? 갑돌이는 최근 아파트를 샀습니다. 아파트 구입대금으로 모아 둔 돈을 다 썼기 때문에 금융자산은 하나도 없고, 5억원짜리 아파트 한 채가 전 재산입니다. 자신이 모아둔 3억원과 대출 2억원으로 아파트를 산 것입니다. 이 경우 갑돌이의 자산은 5억원이고, 부채는 2억원, 순자산은 3억원이라고 할 수 있지요. 즉, 자산(5억원) = 부채(2억원) + 순자산(3억원)이라는 공식이 성립하는 것이지요.

왼쪽에 있는 자산항목을 보겠습니다. 자산항목에는 금융자산, 실물자산, 그 외 자산이 있습니다. 금융자산은 금융회사에서 가입한 금융상품을 의미합니다. 은행 또는 증권사 등에서 가입한 금융상품(예금, 펀드, 주식 등)의 평가금액을 항목별로 입력하면 됩니다. 실물자산항목에는 부동산·그림·농산물·요트 등 실체가 있는 물건의 평가액(현재 시가액)을 입력하면 됩니다. 주의할 것은 주택을 보유하지 않은 분이라도 전세보증금(또는 임차보증금)이 있다면 실물자산에 포함시켜 주시기 바랍니다. 그 외 자산항목에는 암호화폐, 음원 등 금융자산도 아니고 실물자산도 아닌 자산을 모두 여기에 입력하면 됩니다.

다음으로 오른쪽에 있는 부채항목과 순자산항목을 보십시오. 부채항목는 금융회사에서 대출받은 금액, 개인적으로 지인에게 빌린 돈 등 갚아야 하는 '빚'을 모두 입력하면 됩니다. 순자산항목은 건건이 입력할 필요 없이 자산항목 총금액에서 부채항목 총금액을 뺀 수치를 입력하면 됩니다.

하단의 가용자산은 단기에 현금화할 수 있는 자산을 의미합니다. 집을 사거나 사업을 하는 경우와 같이 큰돈이 필요한 경우 가용자산이 얼마나 되는지를 바로 알 수 있도록 하기 위해 만들었습니다. 가용자산은 금융자산과 그 외자산 중에서 단기 현금화가 가능한 자산을 합한 금액으로 설정하면 됩니다. 목표순자산은 자신의 꿈을 이루기 위해 필요한 목표금액이라고 보면 됩니다. 매달 한번씩 자산상태표를 작성하여 업데이트하면, 가용자산의 규모와 목표순자산의 달성률을 알게 되므로 '나의 미래가 어떻게 될 것인가?'를 예측할 수 있습니다.

갑돌이는
언제 결혼할 수 있을까?

갑돌이의 3월 자산상태표를 보면서 갑돌이의 자산을 검증해 보겠습니다. 우선 자산항목을 볼까요? 갑돌이의 금융자산과 실물자산의 비중은 35:63으로 실물자산(부동산)의 비중이 높습니다. 이미 기술한 바와 같이 급격한 경제변화에 대응하기 위해서는 금융자산의 비중이 50% 이상 되도록 하는 것이 유리합니다. 따라서 갑돌이는 35%의 금융자산을 50%까지 늘리는 방향으로 관리해야 합니다. 금융자산의 전월대비 증감액을 보면 펀드와 주식이 감소했습니다. 그 이유가 평가손실로 인한 것이라면 위험관리에 신경 써야 하고, 추가투자 여부 또는 전액매도 여부를 해당상품 관리자와 상담하여 결정할 필요가 있습니다. 우리나라 대부분의 개인투자자는 원금손실이 발생하면 그저 원금 될 때까지 막연히

직장인도 부자가 될 수 있는 월급세팅법

갑돌이의 3월 자산상태표(예시)

3월 자산상태표 예시

항목		평가금액	총자산대비 비율	전월대비 증감액		항목	평가금액	총자산대비 비율	전월대비 증감액
금융자산	예금	50,000,000	16%	500,000		대출1	100,000,000	31%	-
	펀드	30,000,000	9%	-100,000		대출2	20,000,000	10%	-
	현금	4,000,000	1%	200,000		대출3	-	0	
	주식	30,000,000	9%	-500,000		기타	-	0%	
	기타	-	0%	-	부채		-	0%	
			0%				-	0%	
			0%				-	0%	
			0%				-	0%	
실물자산	주택	200,000,000	63%				-	0%	
	토지	-	0%				-	0%	
	기타	-	0%				-	0%	
그 외 자산	암호화폐	3,000,000	1%	1,000,000	순자산	순자산	198,500,000	100%	1,000,000
	음원	1,500,000	0.5%	-100,000					
	기타	-	0%		198,500,000				
			0%						
			0%						
			0%						
가용자산	금융+기타	118,500,000	실물자산	200,000,000	대출	120,000,000	총자산	318,500,000	비고
목표순자산	50세까지	1,000,000,000	목표달성률	19.9%	목표미달액	801,500,000	순자산	198,500,000	

3월 자산 항목별 입력표

은행	은행명	예금	펀드	현금	대출	기타1		
	은행1	30,000,000	5,000,000	2,000,000	100,000,000			
	은행2		10,000,000					
	은행3	20,000,000						

증권사	증권사명	주식	펀드	현금	대출	기타		
	증권사1	20,000,000	10,000,000	1,000,000	20,000,000			
	증권사2		5,000,000	1,000,000				
	증권사3	10,000,000						

부동산 등	구분	평가금액
	주택	-
	주택임대차	200,000,000
	오피스텔	-
	토지	-
	기타	0

그 외	구분	평가금액
	암호화폐1	2,000,000
	암호화폐2	1,000,000
	음원1	1,000,000
	음원2	500,000
	기타	0

기다리는 경우가 많습니다. 하지만 기다리다가 더 큰 손실로 이어지는 경우도 많습니다. 자동차를 운행하고 있는데 기름이 조금씩 샌다면 어찌해야 합니까? 당연히 바로 원인을 찾아 해결해야죠. 만약 해결 못하면 운행을 멈추고 다른 차로 갈아타야죠. 투자손실을 대할 때도 그래야 합니다. 그 외 자산으로 암호화폐와 음원이 있는데, 전체자산 대비 비중이 적으므로 괜찮다고 봅니

다. 이러한 자산은 고위험고수익 자산이므로 전체자산의 10% 이내로 설정하는 것이 바람직하다고 봅니다.

부채항목을 보니 대출이 1억2천만원입니다. 일반적으로 부채비율은 부채를 순자산으로 나누어 100을 곱해 구합니다. 갑돌이의 부채비율은 60%입니다. 부채비율은 30% 이내에 있어야 안정적이라고 볼 수 있는데, 갑돌이는 부채비율이 60%이므로 약간 높다고 볼 수 있습니다. 5년 후 갑순이와 결혼하기로 약속한 갑돌이는 대출을 어떻게 해야 할지 고민입니다. 결혼자금을 마련하자니 대출상환이 어렵고, 대출상환을 하자니 결혼자금을 마련할 수 없을 것 같습니다.

여윳돈이 생기면 대출상환이 먼저일까요? 종잣돈 마련이 먼저일까요? 직장인이 부자가 되려면 일단 종잣돈을 만들어야 하는데 현재 1억 원의 대출이 있다고 가정해볼게요. 매월 월급을 받아 쓸 것을 쓰고도 100만원 정도의 여유자금이 생긴다면 매월 대출을 상환하는 것이 나을까요? 아니면 대출상환을 미루고 종잣돈 만드는 데 활용하는 것이 나을까요? 대출상환이 우선이냐, 종잣돈 마련이 우선이냐는 다음 세 가지 기준으로 판단해야 합니다. 첫째, 대출이자가 생계에 부담이 될 정도로 큰 것이라면 대출상환이 우선입니다. 둘째, 고금리시대에는 대출상환이 우선이고 저금리시대에는 종잣돈 마련이 우선입니다. 셋째, 대출로 인한 이익이 적으면 대출상환이 우선이고, 대출로 인한 이익이 많으면 종잣돈 마련이 우선입니다.

대출 1억원이 있으며 매월 100만원의 여윳돈이 있다고 가정할 경우 취할 수 있는 3가지 방법에 따라 향후 자산이 어떻게 변하는지 한번 알아보겠습니다.

대출상환여부 판단 기준

가정	판단기준	선택 유형	9년 후 자산
·대출 1억 ·월 100만원 저축 가능	이자부담능력 대출금리수준 대출로인한 이익	전액 대출상환	대출 0 종잣돈 0
		대출상환 50% + 종잣돈 마련 50%	대출 5천만원 종잣돈 5천만원
		전액 종잣돈 마련	대출 1억 종잣돈 1억

첫째, 매월 여유자금 100만원을 모두 대출을 상환하는 데 쓰는 방법이 있습니다. 그렇게 하면 약 9년 후에는 대출을 모두 상환하게 됩니다. 하지만 이 경우에는 대출과 종잣돈 모두 0이 되므로 자산도 0입니다. 결국 9년 동안 번 돈으로 자산을 하나도 만들지 못했습니다. 빚 갚는데 모든 재산을 탕진한 셈이죠. 만약에 결혼을 못한 사람이라면 결혼할 자금이 없는 것과 같으며, 사업을 생각하는 사람이라면 사업자금이 없는 것과 같아집니다.

이 경우 결혼 또는 사업을 하려면 다시 대출을 받아야 합니다. 그리고 또 갚아나가야 합니다. 이런 악순환이 계속된다면 평생 마이너스 인생을 살 수밖에 없게 됩니다.

둘째, 매월 여유자금 100만원 중 50만원은 대출상환에 쓰고, 나머지 50만원은 종잣돈 마련에 활용하는 방법이 있습니다. 이렇게 하면 9년 후에는 대출이 5천만원으로 줄고 종잣돈도 5천만원이 마련되어 총자산은 1억 원이 됩니다. 대출금리가 높은 경우 또는 낮더라도 대출금액이 많은 경우라서 매월 원리금상환이 생계에 어느 정도 영향을 준다면 대출을 일부씩 상환해나가는 것이 유리합니다.

셋째, 대출을 전혀 상환하지 않고 종잣돈 마련에만 집중하는 방법입니다. 이 방법은 대출이자가 생계에 큰 영향을 미치지 않고, 대출금리가 높지 않으며 대출로 인한 이익이 오히려 크다고 생각될 때 취할 수 있는 방법입니다. 이렇게 하면 9년 후에도 대출은 1억 원 그대로이지만 종잣돈 1억 원을 확보하게 됩니다. 그래서 총자산이 2억이 됩니다. 1억으로는 결혼을 할 수도 있고 사업자금으로 쓸 수도 있습니다. 만약 대출 1억 원이 부동산담보대출인 경우, 그 부동산을 팔면서 매수인이 대출을 떠안게 하는 채무인수계약을 하면 모든 대출을 일시에 상환할 수도 있습니다. 이처럼 대출은 자신의 상황에 맞추어 상환방법을 선택해야 합니다. 당신은 어떤 선택을 하는 것이 유리한지 생각하시기 바랍니다.

갑돌이의 경우에도 이자부담 능력, 대출금리 수준, 대출로 인한 이익을 고려하여 판단하면 됩니다. 대출이자가 생계에 큰 영향이 없고, 대출금리가 낮으며, 대출로 인하여 주택을 구입할 수 있다면 셋째 방법이 유리합니다. 그 반대의 경우라면 어쩔 수 없이 첫째 방법을 선택해야겠지요.

갑돌이의 순자산은 1억9천850만원입니다. 총자산을 늘리는 것보다 순자산을 늘리는 것이 바람직합니다. 순자산은 총자산에서 부채를 뺀 것으로 순수한 의미의 '내 돈'이기 때문입니다. 갑돌이의 경우 부채비율이 60%로 약간 높기 때문에 부채비율을 1차적으로 50%(2차적으로 30%)까지 낮출 필요가 있습니다. 부채비율은 낮추는 첫 번째 방법은 부채의 일부를 상환하는 방법입니다. 갑돌이의 경우 1억2천만원의 부채 중 2천만원을 상환하면 부채비율이 50%로 내려갑니다. 하지만 이 경우에는 2천만원이라는 목돈이 필요해야 가능합니다. 또 상환한 만큼의 자산이 감소하게 됩니다. 두 번째 방법은 순자산을 늘리는 방법입니다. 갑돌이의 경우 순자산을 4천만원 늘리면 부채비율이 50%까지 내려갑니다. 매월 100만원씩 적금이나 적립식펀드에 3년 정도 납입하면 가능합니다. 갑돌이의 경우에는 결혼자금을 모아가야 하므로 첫 번째 방법보다 두 번째 방법이 더 유리해 보입니다.

갑돌이의 가용자산은 1억1천850만원입니다. 만약 매월 120만 원씩 적금이나 적립식펀드에 납입하면 5년 후 누적금액은 7천2 백만원이 됩니다. 그런 경우 5년 후 가용자산은 2억원 가까이 될 것으로 보입니다. 그리하면 가용자산 2억원과 주택임대차보증금 2억원을 활용하여 결혼자금을 마련하는데 무리가 없어 보입니다. 목표순자산은 50세까지 10억원으로 설정하였으므로 결혼하고 나면 갑순이와 함께 부족한 6억원을 함께 모아갈 방법을 생각해야겠지요.

이와 같이 자산상태표를 작성하면 첫째, 금융자산과 실물자산의 비중이 적절한지를 알 수 있습니다. 만약 금융자산비중이 50% 미만이라면 금융자산비중을 높이는 노력을 해야 한다는 것을 자산상태표를 통해 알게 되는 것이지요. 둘째, 부채비율이 높은 편인지 낮은 편지 알 수 있습니다. 만약 부채비율이 30%를 초과한다면 대출을 일부 상환하거나 순자산을 높일 필요가 있다는 것을 알 수 있게 됩니다. 이외에도 자신의 자산, 부채, 순자산의 세부내용을 한눈에 볼 수 있기 때문에 어느 부분이 부족한지 바로 찾아 해결방법을 모색할 수 있다는 점이 편리하다고 할 수 있습니다.

매일 가계부는 쓰기 힘들지만, 한달에 한번 현금수지표와 자산상태표는 꼭 작성해야 합니다. 매월 수입 및 지출관리를 위해 3개의 통장(수입통장, 지출통장, 투자통장)으로 구분하여 관리하는 것이 효율적입니다. 그리고 신용카드의 결제일을 14일 경으로 하면 신용카드 사용내역이 전월 1일부터 말일까지로 나오므로 소지하고 있는 모든 신용카드는 결제일을 14일 경으로 수정하여 사용하면 현금수지표 작성할 때 편합니다. 투자성지출 중 고정투자는 매년 5%씩 증가시켜 순자산 비중이 더 커지는 구조로 만드는 것이 좋습니다. 현금수지표가 한달의 현금유입과 유출을 표시한다면, 자산상태표는 과거부터 지금까지 누적된 자산이 표시되는 것이므로 나의 목표자산과 목표달성률을 확인하고 미달액이 얼마나 되는지 등을 파악할 수 있습니다. 따라서 현금수지표와 자산상태표는 매달 한번씩 작성해야 합니다. 선택이 아니라 필수입니다. 작성하는 날짜는 매달 말일이 좋습니다. 매달 말일 기준으로 작성해야 월별 비교도 용이하고, 연간 비교도 가능해지기 때문입니다. 마지막으로 독자분들께 두가지 미션을 드립니다. 첫째, 당신의 목표가 이루어질 수 있는 월급세팅을 지금당장 하십시오. 둘째, 한달에 한번 현금수지표와 자산상태표를 작성하십시오. 당신의 미래는 이것을 달성하느냐 여부에 달려있습니다.

직장인도 부자가 될 수 있는
월급세팅법

초판 1쇄 인쇄 2023년 9월 5일
초판 2쇄 발행 2024년 3월 15일

지은이 송영욱
발행인 전익균

이사 김영진, 김기충
기획 권태형, 조양제
편집 전민서
디자인 페이지제로
관리 이지현, 정정오
언론홍보 (주)새빛컴즈
마케팅 팀메이츠

펴낸곳 새빛북스
전화 (02) 2203-1996, (031) 427-4399 **팩스** (050) 4328-4393
출판문의 및 원고투고 이메일 svcoms@naver.com
등록번호 제215-92-61832호 **등록일자** 2010. 7. 12

가격 19,000원
ISBN 979-11-91517-55-2 03320